Der Jahrzehnte-Test

Die 70er-Jahre

W0049412

Der Jahrzehnte-Test

Die 70er-Jahre

MOEWIG

Copyright © edel entertainment GmbH, Hamburg
www.moewig.de

Konzept und Realisation: Print & Screen Productions, Köln
Texte: Alexander Kerkhoffs, Markus Wallenborn
Layout, Satz und Bildredaktion: Sonja Kerkhoffs

Originalausgabe
Alle Rechte vorbehalten
Umschlagabbildung: getty images, München

Printed in Germany
ISBN 978-3-927801-39-4

Alle Informationen (insbesondere die Antworten) in diesem Buch
wurden von uns mit größtmöglicher Sorgfalt zusammengestellt und auf
ihre Richtigkeit geprüft. Wir übernehmen aber keine Haftung oder
Gewährleistung für die Richtigkeit und Vollständigkeit dieser Informationen. Haftungsansprüche gegen den Autor sowie gegen den Verlag,
welche sich auf Schäden materieller oder ideeller Art beziehen, die
durch die Nutzung oder Nichtnutzung der dargebotenen Informationen
bzw. durch die Nutzung fehlerhafter und unvollständiger Informationen
verursacht wurden, sind grundsätzlich ausgeschlossen, sofern seitens
des Autors bzw. des Verlages kein vorsätzliches oder grob fahrlässiges
Verschulden vorliegt.

Inhalt

Einleitung: Die 70er-Jahre

Die 70er-Jahre waren ein aufregendes Jahrzehnt: Die BRD wurde Weltmeister und die beiden deutschen Staaten bewegten sich aufeinander zu; gleichzeitig gab es genügend Atomwaffen, um die Erde mehrfach zu vernichten. Es war die Zeit, als Willy Brandt zurücktrat und Westdeutschland im Deutschen Herbst einer schweren Belastungsprobe ausgesetzt war. Es waren jene Jahre, als Erich Honecker an die Macht kam, als gegen dies und das demonstriert wurde und als man im Fernsehen bei überschaubarem Angebot von Hans Rosenthal, Rudi Carrell und Peter Frankenfeld gut unterhalten wurde. Und das sind nur einige von zahlreichen Ereignissen und Personen, denen Sie in diesem Buch anhand von Fragen nachspüren können.

Testen Sie Ihr Wissen über die 70er-Jahre in den Bereichen Politik und Gesellschaft, Unterhaltung, Kunst und Kultur, Sport sowie in der Zeitzeichen genannten Rubrik, in der Fragen zu den Themen Mode, Design, Technik und Konsum zusammengefasst sind. Frischen Sie dabei Erinnerungen auf oder lernen Sie auf unterhaltsame Weise viel Wesentliches, aber auch manch Kurioses oder einfach nur Zeittypisches kennen.

Mit dem Jahrzehntetest kann man auf viele Arten Spaß haben. Am unterhaltsamsten ist es, wenn Sie ihn mit Freunden spielen, indem Sie sich die Fragen reihum vorlesen. Ob Sie dabei der Reihenfolge nach, thematisch oder unsystematisch vorgehen, ist Ihnen freigestellt. Natürlich können Sie das Buch auch alleine lesen, von vorne nach hinten oder kreuz und quer.

Das Besondere an diesem Quizbuch sind die ausführlichen Antworten, die teils weiterführende Erläuterungen bieten oder auch auf mehrere oder alle Antwortalternativen eingehen. Wer mag, kann aus diesen Alternativen selber weitere Zusatzfragen entwickeln. Außerdem können auch die informationsreichen Antworten genutzt werden, um auf der Grundlage der darin enthaltenen Fakten weitere Fragen zu stellen – dazu muss derjenige, der sie formuliert, die Antwort erst still für sich lesen und darf seinen Mitspielern nur das für die Beantwortung Wesentliche mitteilen. Und auch die Abbildungen sind ein Teil des Jahrzehntetests. Manches Motiv werden Sie auf Anhieb erkennen, bei anderen werden Sie rätseln, was oder wer auf dem Bild zu sehen ist. Die Antworten finden Sie im Bildnachweis am Ende des Buches.

Und nun viel Spaß beim Spielen, Lernen und Erinnern.

Politik &
Gesellschaft

Politik in den 70ern

…das waren zwei deutsche Staaten im Zentrum des Kalten Krieges, das war ein Überdenken alter Positionen und der Weg aufeinander zu, um der Menschen willen, um der Zukunft willen. Das war ein Aufbruch, nicht nur in Sachen Ostpolitik, auch innen: »Mehr Demokratie wagen.« Das waren auch selbstgerechte Terroristen, die die Gesellschaft mit Gewalt verändern wollten und den Staat in arge Bedrängnis brachten. Und es wurde viel demonstriert: Gegen §218, gegen den Vietnamkrieg, gegen die Unterdrückung der Frauen, gegen Atomkraftwerke, gegen Isolationshaft und gegen den Radikalenerlass. Und die Politiker? So viele Charakterköpfe, so viele Persönlichkeiten und so viele eigene Meinungen. Noch wurde Politik nicht fürs Fernsehen und die nächste Wählerumfrage gemacht. Und im Rest der Welt? Manche Kriege endeten und andere brachen aus, neue Diktatoren kamen an die Macht oder alte verloren sie, Kolonialreiche lösten sich endgültig auf.

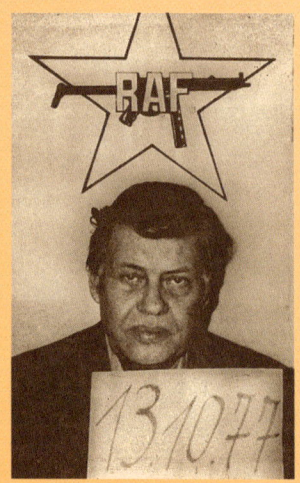

1 **Wo fand das legendäre Konzert von Wolf Biermann statt, das den Anlass für die Ausbürgerung des Künstlers aus der DDR darstellte?**
Kölner Sporthalle
Essener Grugahalle ✗
Dortmunder Westfalenhalle
Frankfurter Festhalle

2 **In welchem afrikanischen Land herrschte der gefürchtete Diktator Idi Amin von 1971 bis 1979?**
Uganda ✗
Zaire
Zentralafrikanische Republik
Sudan

3 **Durch welche Tat brachte Oskar Brüsewitz die DDR-Führung 1976 in arge Bedrängnis?**
Geheimnisverrat an die BRD
Bombenanschlag auf Berliner Mauer
Flugblätter
Selbstverbrennung ✗

4 **Wer erhielt im Jahr 1979 den Friedensnobelpreis?**
Lech Walesa ✗
Desmond Tutu
Mutter Teresa
Mohammed Anwar al-Sadat

1 Das erste und seither legendäre Konzert einer Tournee, zu der Biermann von der IG Metall in die BRD eingeladen worden war, fand am 13. November 1976 in der Kölner Sporthalle statt. Kritische Bemerkungen zur DDR, die Biermann im Verlauf seines Auftritts äußerte, boten dem Politbüro der SED den Anlass, den Barden, der ihnen schon seit vielen Jahren ein Dorn im Auge war, auszubürgern. Die Kölner Sporthalle wurde 1998 abgerissen, die im selben Jahr eröffnete Kölnarena bietet seitdem Platz für Großveranstaltungen aller Art.

2 Idi Amin war General und Oberbefehlshaber der ugandischen Armee, bevor er 1971 durch einen Militärputsch an die Macht kam. Als Staatspräsident mit diktatorischen Vollmachten errichtete er in Uganda ein Terrorregime, dem während seiner achtjährigen Dauer mehrere hunderttausend Menschen zum Opfer fielen. 1979 wurde Idi Amin gestürzt und floh über Libyen und den Irak nach Saudi Arabien, wo er 2003 starb. In der Zentralafrikanischen Republik herrschte von 1966 bis 1979 der Diktator Jean-Bedel Bokassa, der sich 1976 selbst zum Kaiser krönte. In Zaire regierte von 1965 bis 1997 der Diktator Mobutu Sese-Seko.

3 Der evangelisch-lutherische Pfarrer Oskar Brüsewitz stellte am 22. August 1976 vor der Michaeliskirche in Zeitz erst Plakate auf, übergoss sich dann mit Benzin und verbrannte sich anschließend öffentlich, um gegen die Unterdrückung der Kirche durch den Kommunismus und die Indoktrinierung von Jugendlichen durch das DDR-Regime zu protestieren. Nicht zuletzt dadurch, dass Brüsewitz' Protest von der Kirche totgeschwiegen und er selbst von offizieller Seite als geistesgestört dargestellt wurde, wurde die Protestaktion zum Fanal von Zeitz. In der Folgezeit entstand mit der Kirche von unten eine nicht mehr zu erstickende Oppositionsbewegung.

4 Mutter Teresa, die Ordensgründerin der *Missionarinnen der Nächstenliebe*, einer Schwesternkongregation, die sich der Waisenhilfe und dem Dienst an Leprakranken und Sterbenden verschrieben hat, war bereits seit Ende der 1940er-Jahre in Indien als Engel der Armen bekannt, als ihr für ihre zahlreichen Verdienste 1979 der Friedensnobelpreis verliehen wurde. Im Jahr zuvor hatten ihn der ägyptische Präsident Sadat und der israelische Premierminister Begin gemeinsam erhalten, Walesa bekam ihn erst 1983, Desmond Tutu 1984.

5 Was galt als Markenzeichen der »eisernen Lady« Margaret Thatcher?
Zigarre
Brille
Handtasche **X**
Hut

6 Wie hieß der spätere vierte deutsche Bundeskanzler, bevor er den Namen Willy Brandt annahm?
Günther Scherer
Erwin Pilsudski
Herbert Frahm **X**
Gunnar Gaasland

7 Welcher russische Politiker wurde auch »Genosse Njet« genannt?
Andrei Gromyko **X**
Eduard Schewardnadse
Juri Andropow
Leonid Breschnew

8 Mit welcher Waffe tötete die Schauspielerin Ingrid van Bergen ihren Lebensgefährten?
Schrotflinte **x**
Maschinenpistole
Revolver
Repetiergewehr

5 Die ehemalige britische Premierministerin war nie ohne Handtasche zu sehen; sie betrachtete dieses Accessoire als unverzichtbares Requisit einer Dame. Thatcher, die noch 1973 in einem Interview geäußert hatte, sie glaube nicht, dass es noch zu ihren Lebzeiten einen weiblichen Premierminister in Großbritannien geben werde, wurde 1979 genau dies: die erste Regierungschefin des Vereinigten Königreichs. Sie blieb es bis 1990, als sie den Rückhalt in der eigenen Partei verlor und nicht wieder zur Vorsitzenden der Konservativen gewählt wurde. Daraufhin erklärte sie ihren Rücktritt.

6 Herbert Frahm wurde am 18. Dezember 1913 in Lübeck geboren. Als von den Nazis verfolgter Sozialdemokrat legte er sich 1934 u. a. den Decknamen Willy Brandt zu, später auch Gunnar Gaasland. Nach seiner Rückkehr nach Deutschland aus dem Exil in Norwegen und Schweden nahm Frahm 1947 den Namen Willy Brandt offiziell an. 1948 erhielt Brandt, den die Nazis 1938 ausgebürgert hatten, wieder die deutsche Staatsbürgerschaft.

7 Sein unnachgiebiger Verhandlungsstil brachte Andrei Gromyko im Westen den Spitznamen »Genosse Njet« ein. Von 1957 bis 1985 war er Außenminister der UdSSR und überlebte in dieser Funktion vier Regierungs-, vier Partei- sowie sieben Staatschefs. Erst Michail Gorbatschow ersetzte ihn (durch Eduard Schewardnadse) und beförderte ihn zum Vorsitzenden des Obersten Sowjets, was de facto jedoch einer Entmachtung gleichkam: Gromyko war nun zwar nominell Staatsoberhaupt der UdSSR, erfüllte tatsächlich aber nur rein repräsentative Funktionen, bis er 1988 wegen seiner konservativen Ansichten auch aus diesem Amt gedrängt wurde.

8 Die 1931 in Danzig geborene Schauspielerin, die in den 50er-Jahren an der Seite von O. W. Fischer und Heinz Rühmann spielte, erschoss ihren Lebensgefährten Klaus Knaths in der Nacht zum 3. Februar 1977 im Affekt mit einer alten Maschinenpistole. Van Bergen wurde zu sieben Jahren Gefängnis verurteilt. Nachdem sie zwei Drittel ihrer Haftstrafe verbüßt hatte, wurde sie Ende 1981 wegen guter Führung vorzeitig entlassen. Anschließend erhielt sie Rollen in verschiedenen TV-Produktionen, wie in der Serie *Unser Lehrer Doktor Specht,* und ist zudem in Filmen wie *Der Wixxer* und auf Theaterbühnen zu sehen.

9 **Wie viele Menschen haben an den X. Weltjugendfestspiele in Ost-Berlin im Juni 1973 teilgenommen?**

51 000

33 400

25 600

18 250

10 **Welche Substanz wurde nach dem bislang größten europäischen Chemieunfall als Sevesogift bekannt?**

Napalm

Agent Orange

Dioxin

Zyankali

11 **Wer wurde 1975 aus der SPD ausgeschlossen, weil er in einem Brief die RAF-Terroristen als »liebe Genossen« bezeichnet hatte?**

Otto Schily

Hans-Christian Ströbele

Horst Mahler

Günter Guillaume

12 **Wie wurde die Revolution genannt, die 1974 zum Sturz der Diktatur in Portugal führte?**

Aufstand der Gerechten

Nelkenrevolution

Lissaboner Frühling

Oktoberrevolution

9 Seit 1947 finden in unregelmäßigen Abständen die *Weltfestspiele der Jugend und Studenten* statt, an denen vorzugsweise linke bzw. kommunistische Verbände teilnehmen. Das erklärte Ziel der Veranstalter ist die Friedenssicherung durch die internationale Freundschaft und Verständigung der Jugendlichen. 1973 fanden die Weltfestspiele – nach 1951 – zum zweiten Mal in der DDR statt. An den Diskussionsrunden und Musikdarbietungen nahmen insgesamt 25 600 Gäste aus 140 Staaten teil, darunter auch 800 Jugendliche aus der BRD. Im Ganzen sollen acht Millionen Besucher zu den Weltfestspielen gekommen sein.

10 Am 10. Juli 1976 hielt das Ventil eines Kessels in der nahe Mailand gelegenen Chemiefabrik Icmesa SpA dem durch einen Bedienfehler entstandenen Druck nicht mehr stand. Der Explosion folgte die Entladung, bei der über 30 Minuten lang hochgiftiges TCDD, umgangssprachlich Dioxin genannt, entweichen konnte. Nach dem Namen einer der von der Giftwolke verseuchten Gemeinden erhielt der Stoff den Beinamen Sevesogift. Agent Orange war ein im Vietnamkrieg eingesetztes, mit TCDD verunreinigtes Entlaubungsmittel, dessen Spätfolgen bis heute ebenso sichtbar sind wie die Auswirkungen der Napalm-Brandbomben.

11 Wie der spätere Bundesinnenminister Schily und der verurteilte Linksterrorist und spätere Neonazi Mahler vertrat auch der Pazifist und heutige Grünen-Abgeordnete Ströbele RAF-Terroristen vor Gericht. Doch wurde ihm Komplizenschaft vorgeworfen, und wegen Missbrauchs der Anwaltsprivilegien wurde Ströbele 1975 von der Verteidigung ausgeschlossen. Auch der SPD, der Ströbele damals angehörte, ging die Nähe zu den Terroristen zu weit: Sie schloss ihn wegen der kameradschaftlichen Anrede aus. 1980 wurde Ströbele wegen Unterstützung einer kriminellen Vereinigung überdies zu einer Bewährungsstrafe verurteilt.

12 Der auch Nelkenrevolution genannte Aufstand der portugiesischen Streitkräfte vom 25. April 1974 setzte der Diktatur und damit auch dem faschistischen Ständestaat in Portugal ein Ende, den der 1970 gestorbene Diktator António de Oliveira Salazar Anfang der 1930er-Jahre gegründet hatte. Salazars gestürzter Nachfolger war Marcello Caetano. Die Revolution verdankt ihren Namen den roten Nelken, die den Soldaten von portugiesischen Zivilisten an die Uniform oder in Gewehrläufe gesteckt wurde.

13 **Um wie viel Prozent lag der Anteil der für die CSU abgegebenen Stimmen bei der Bayerischen Landtagswahl 1974 über dem der SPD?**

209 %

106 %

88 %

69 %

14 **Wie hieß der arabisch-israelische Krieg, der im Herbst 1973 ausbrach?**

Sechstagekrieg

Suezkrise

Israelischer Unabhängigkeitskrieg

Jom-Kippur-Krieg

15 **Wie hießen die Läden, in denen man in der DDR ausländische und hochwertige Waren nur gegen Westwährung kaufen konnte?**

Intershop

Mitropa

Konsum

Valuta

16 **Wer sprach 1972 in München die berühmt gewordenen Worte »The games must go on«?**

Willi Daume

Gustav Heinemann

Avery Brundage

Lord Killanin

13 Mit dem amtierenden und erneut für das Amt kandidierenden Ministerpräsidenten Alfons Goppel erhielt die CSU 1974 bei der Wahl zum Bayerischen Landtag 62,1 % der abgegebenen Stimmen, die SPD brachte es nur auf 30,2 %, damit hatten die Christsozialen 106 % mehr Stimmen auf sich vereinen können als die Sozialdemokraten. Als Franz Josef Strauß 1978 erstmals zur Wahl antrat, bescherten ihm die Wähler mit einer nur 88-prozentigen Überlegenheit ein vergleichsweise bescheidenes Ergebnis. Triumphal war dagegen Edmund Stoibers Ergebnis 2003 mit einem 209-prozentigen Vorsprung vor der SPD.

14 Am 6. Oktober 1973, dem jüdischen Fastentag Jom Kippur, begannen Ägypten und Syrien mit einem Überraschungsangriff auf Israel den vierten arabisch-israelischen Krieg. Die Angreifer versuchten, die Gebiete zurückzuerobern, die sie im von arabischer Seite provozierten Sechstagekrieg 1967 an Israel verloren hatten. Obwohl sie anfänglich erfolgreich waren, konnte die syrische Armee von den völlig unvorbereiteten Israelis geschlagen und die ägyptische auf eigenes Gebiet zurückgedrängt und eingekesselt werden. Der Krieg endete mit dem Waffenstillstand vom 22. bzw. 25. Oktober 1973.

15 In den Intershops, die sich v. a. ab 1974 mit der Aufhebung des Verbots von Westgeldbesitz für DDR-Bürger ausbreiteten, wurden Importwaren oder für ausländische Märkte produzierte hochwertige DDR-Produkte gegen frei konvertierbare Fremdwährungen, sogenannte Valuta, angeboten. Auf diese Weise beschaffte sich die DDR Devisen, einerseits von Touristen und andererseits von ihren eigenen Bürgern, die im Besitz von Westgeld – in der Hauptsache D-Mark – waren.

16 Nachdem palästinensische Terroristen am 5. September 1972 die israelische Olympiamannschaft zunächst als Geiseln genommen und später ermordet hatte, unterbrach IOC-Präsident Avery Brundage die Olympischen Spiele. Am 6. September fand eine Trauerfeier statt. Danach sprach Brundage nach einem schmerzhaften Entscheidungsfindungsprozess die Worte: »The games must go on.« Und so wurden die Spiele am Tag darauf fortgesetzt. Man wollte, wie der damalige IOC-Vizepräsident Willi Daume sagte, den Terroristen nicht auch noch erlauben, die Olympischen Spiele zu ermorden.

17 **Wer oder was gab der sogenannten Watergate-Affäre ihren Namen?**

ein Ort

ein Gebäude

ein US-Präsidentschaftskandidat

ein Journalist

18 **Welchem Herrschergeschlecht gehört der am 22. November 1975 zum spanischen König erklärte Juan Carlos I. an?**

Bourbon

Anjou

Valois

Habsburg

19 **Welche Tageszeitung bot eine auf den 22. September 1978 datierte Ausgabe ihren Lesern erst am 27. September 1978 an?**

Bild

taz

Frankfurter Rundschau

Lübecker Nachrichten

20 **In welcher ostdeutschen Stadt fand am 19. März 1970 das denkwürdige Treffen zwischen dem bundesdeutschen Kanzler Willy Brandt und dem DDR-Ministerpräsidenten Willi Stoph statt?**

Erfurt

Dresden

Karl-Marx-Stadt

Leipzig

17 Der Washingtoner Gebäudekomplex, in das im Sommer 1972 eingebrochen wurde, um das dortige Wahlkampfhauptquartier der oppositionellen demokratischen Partei zu verwanzen, hieß Watergate. Dank der Recherchen zweier Journalisten der Washington Post – Bob Woodward und Carl Bernstein – konnten den Tätern Verbindungen zum Wahlkampfbüro und engsten Beraterkreis des amtierenden Präsidenten Richard Nixon nachgewiesen werden. Dieser kam einem Amtsenthebungsverfahren durch seinen Rücktritt im August 1974 zuvor.

18 Zwei Tage nach dem Tod des faschistischen Diktators Francesco Franco am 20. November 1975 wurde Juan Carlos zum spanischen König erklärt. Als Staatsoberhaupt zeichnete er für den Wandel Spaniens zu einem demokratischen Staat verantwortlich. Als Sohn von Juan de Borbón y Battenberg gehört der 1938 geborene Juan Carlos I. zu einer Linie des Hauses Bourbon, aus dem seit 1712 alle spanischen Könige stammen. Zuvor hatten seit 1504 Könige aus dem Hause Habsburg Spanien regiert.

19 Hervorgegangen aus linken Projektgruppen, die sich mit dem Deutschen Herbst 1977 auseinandersetzten und in dem Rahmen auch eine eindeutige linke Tageszeitung forderten, wurde Die Tageszeitung (taz) 1978/79 als Alternative zur bürgerlichen Presse ins Leben gerufen. Sie richtete sich in erster Linie an Studenten, Grüne, Alternative und Linke, vornehmlich jenseits der SPD. Die erste reguläre Ausgabe erschien am 17. April 1979, eine Vorabausgabe kam jedoch bereits am 27. September 1978 auf den Markt, allerdings war diese fünf Tage früher datiert, weil sich die Bearbeitung länger hingezogen hatte als geplant.

20 Als Willy Brandt mit dem Zug im Erfurter Bahnhof einfuhr – eingeladen zum ersten deutsch-deutschen Treffen auf höchster Ebene seit über 20 Jahren –, warteten bereits tausende jubelnder DDR-Bürger auf ihn. Selbst ein gewaltiges Aufgebot an Sicherheitskräften und Stasimitarbeitern konnte die spontane Sympathiebekundung auf dem Bahnhofsvorplatz nicht unterdrücken. Mit »Willy Brandt ans Fenster«-Rufen bewegten die Menschen den Kanzler vor dem Hotel Erfurter Hof, wo er mit Stoph zusammentraf, dazu, sich ihnen noch einmal zu zeigen. Danach bekam die Stasi die Lage wieder in den Griff: Die Brandt-Sympathisanten waren fortgejagt und »Willi Stoph« rufende Claqueure traten auf.

Politik & Gesellschaft

21 Wie hieß der 1972 verstorbene deutsche Bundespräsident, der der Kabarettszene so viel Angriffsfläche bot, dass der Bayerische Rundfunk beschloss, die Auftritte der Münchner Lach- und Schießgesellschaft nicht mehr live zu übertragen?

Theodor Heuss

Heinrich Lübke

Gustav Heinemann

Walter Scheel

22 In welcher Stadt unterzeichneten 35 Staaten am 1. August 1975 die Schlussakte der Konferenz für Sicherheit und Zusammenarbeit in Europa ?

Belgrad

Madrid

Helsinki

Wien

23 Wer verstarb am Heiligen Abend des Jahres 1979 auf tragische Weise?

Rudi Dutschke

John Lennon

Ernst Bloch

Herbert Marcuse

24 Was oder wer wurde am 10. Juni 1979 in Deutschland gewählt?

Europaparlament

Bundespräsident

Bundestag

Bayerischer Landtag

21 Heinrich Lübke, Bundespräsident von 1959 bis 1969, wurde v. a. durch seine rhetorischen Fehlleistungen berühmt. Besonders auf Auslandsreisen war mit Versprechern oder Taktlosigkeiten zu rechnen, etwa wenn er in Tananarive, der Hauptstadt Madagaskars, die Frau des Staatsoberhaupts mit »Frau Tananarive« ansprach. Dass er in Afrika die Grußformel »Sehr geehrte Damen und Herren, liebe Neger!« benutzte, scheint allerdings eine Legende zu sein, Belege dafür gibt es nicht. Die Anekdote dokumentiert jedoch, wie typisch Lübkes sprachliche Patzer waren, sodass auch dies hätte so geschehen sein können.

22 Nach dem Ort der gemeinsamen Unterzeichnung wird das Abschlussdokument der Konferenz für Sicherheit und Zusammenarbeit in Europa (KSZE) auch Schlussakte von Helsinki genannt. Während des Kalten Krieges wurde mit diesem Dokument das Verhältnis zwischen den Westmächten und den Ostblockstaaten geregelt. Durch regelmäßige KSZE-Folgetreffen, die u. a. in Belgrad, Madrid und Wien stattfanden, wurde ein dauerhafter Dialog institutionalisiert, der die Basis für die Entspannung im Ost-West-Konflikt bildete. 1995 wurde die KSZE in OSZE umbenannt: Organisation für Sicherheit und Zusammenarbeit in Europa.

23 Rudi Dutschke war am 11. April 1968 in Berlin von einem jungen Arbeiter mit drei Pistolenschüssen niedergestreckt worden, er hatte bei dem Attentat lebensbedrohliche Gehirnverletzungen erlitten und überlebte nur knapp. Am 24. Dezember 1979 starb der wohl bekannteste Vertreter der deutschen Studentenbewegung letztlich an einer Spätfolge dieses Mordanschlags: Er ertrank infolge eines epileptischen Anfalls in der Badewanne.

24 Am 10. Juni 1979 wurden zum ersten Mal die Abgeordneten des Europaparlaments direkt gewählt. Die Wahlbeteiligung war in allen europäischen Staaten relativ gering, in Deutschland lag sie bei 65,9 %. Es wurden insgesamt 410 Abgeordnete aus neun Staaten gewählt, aus der Bundesrepublik Deutschland wurden wie auch aus England, Frankreich und Italien 81 Vertreter nach Straßburg entsandt. In Deutschland erzielte die SPD 40,8 %, die CDU 39,1 %, die CSU 10,1 % und die FDP 6 % der Stimmen. Der Bundespräsident wurde ebenfalls 1979 gewählt, der Bundestag erst 1980 und die Bayernwahl hatte bereits 1978 stattgefunden.

Politik & Gesellschaft

25 **Wie hieß der Prostituiertenmörder, dem die Hamburger Polizei nur durch einen Zufall auf die Spur kam?**

Horst David
Fritz Honka
Karl Großmann
Fritz Haarmann

26 **Wer bestieg am 1. Februar 1979 in Paris ein Flugzeug nach Teheran?**

Mahmud Ahmadinedschad
Ayatollah Khomeini
Valéry Giscard d'Estaing
Schah Resa Pahlewi

27 **Welche Geste von Willy Brandt bei seinem Besuch in Warschau am 7. Dezember 1970 wurde zum symbolischen Ausdruck der neuen Ostpolitik?**

Kuss der polnischen Flagge
Kniefall
Umarmung
Kranzniederlegung

28 **Welche ehemalige Kolonialmacht entließ die afrikanischen Staaten Mozambik, Angola und Kap Verde in die Unabhängigkeit?**

Spanien
Niederlande
Portugal
Frankreich

25 Der in Leipzig geborene Fritz Honka ermordete und zerstückelte zwischen Dezember 1970 und Januar 1975 insgesamt vier Prostituierte. Die Leichenteile des ersten Opfers verteilte er an verschiedenen Stellen in Hamburg-Altona. Hinweise auf den Täter fanden die Ermittler nach deren Entdeckung zunächst jedoch nicht. Der Fall Honka konnte erst geklärt werden, nachdem die Feuerwehr durch Zufall die Leichenteile der drei Frauen entdeckte, die Honka zwischen Sommer 1974 und Januar 1975 ermordet, zerstückelt und in Plastiktüten verpackt hatte, als sie einen Brand in dem Haus löschte, in dem Honka wohnte.

26 Der iranische Schiitenführer Khomeini wurde 1964 aus seiner Heimat verbannt und lebte bis zum Spätherbst 1978 im Exil im Irak. Als er auch dort des Landes verwiesen wurde, fand der Mann, mit dem die radikale Islamisierungswelle ihren Anfang nahm, Aufnahme in Frankreich. Nachdem der Schah den Iran nach seinem Sturz im Januar 1979 verlassen hatte, kehrte Khomeini am 1. Februar dorthin zurück. Am 1. April rief er die Islamische Republik Iran aus, die zum Inbegriff des fundamentalistischen, sogenannten Gottesstaates wurde.

27 Im Rahmen der Gedenkfeierlichkeiten für die Opfer des von den Nazis errichteten und schließlich gestürmten jüdischen Ghettos in Warschau legte Willy Brandt protokollgemäß einen Kranz am Ehrenmal im ehemaligen Ghetto nieder, dann richtete er die Kranzschleife und kniete einige Sekunden vor dem Mahnmal nieder. Diese spontane Geste, die als Ausdruck der Versöhnungsbereitschaft gewertet wurde, trug viel zu dem hohen Ansehen bei, das Brandt und seine Regierung im Ausland genossen. Für seine auf Versöhnung und Verständigung setzende Ostpolitik wurde er 1971 mit dem Friedensnobelpreis geehrt.

28 Nachdem die portugiesische Armee mit der Nelkenrevolution den Sturz der Diktatur in Portugal herbeigeführt hatte, entließ die neue Regierung die überseeischen Kolonien des Landes 1974/75 in die Unabhängigkeit. Es handelte sich um die afrikanischen Kolonien Mozambik, Angola, Kap Verde und Guinea-Bissau. Die nahe Hongkong an der chinesischen Südküste gelegene Kolonie Macao erlangte 1976 als Territorium von Macao die innere Autonomie. 1999 erhielt China die Souveränität über Macao zurück, das heute wie Hongkong den Status einer Sonderverwaltungsregion genießt.

29 Wodurch wurde die Hallstein-Doktrin als Grundsatz der BRD-Außenpolitik faktisch außer Kraft gesetzt?

Moskauer Vertrag 1970

Grundlagenvertrag 1973

UNO-Beitritt der BRD und DDR 1973

KSZE-Schlussakte 1975

30 Welcher Befreiungsbewegung gelang es, den nicaraguanischen Diktator Anastasio Somoza García zu stürzen?

ANC

FLN

FSLN

FRELIMO

31 Wie hoch war 1970 die Arbeitslosenquote in Deutschland?

0 %

0,7 %

2,3 %

3,8 %

32 Wann endete der Vietnamkrieg?

1. September 1974

30. April 1975

2. Juli 1976

23. Mai 1977

29 In dem 1973 in Kraft getretenen Grundlagenvertrag wurden die grundlegenden Beziehungen zwischen der BRD und der DDR geregelt. Verabredet wurde in diesem Zusammenhang auch der Beitritt beider deutscher Staaten zur UNO im selben Jahr. Durch diesen Schritt wurde die seit 1955 bestehende Geltung der sogenannten Hallstein-Doktrin aufgehoben, die besagte, dass die BRD ganz Deutschland völkerrechtlich vertritt und deshalb mit Ausnahme der UdSSR keine völkerrechtlichen Beziehungen zu Staaten aufgenommen werden durften, die die DDR diplomatisch anerkannten.

30 Der nicaraguanische Staatspräsident Somoza, dessen Sippe seit 1936 in Nicaragua an der Macht war, floh im Juli 1979 vor der FSLN außer Landes. Die Sandinistische Nationale Befreiungsfront *(Frente Sandinista de Liberación Nacional)* hatte die Nicaraguaner nach der Ermordung des Oppositionspolitikers Chamorro Anfang 1978 gegen das restriktive Regime Somozas zu einem Aufstand mobilisieren können, der schließlich zu einem Bürgerkrieg führte. Der Name Sandinisten leitet sich von dem 1934 ermordeten Freiheitskämpfer César Augusto Sandino ab. Somoza kam 1980 bei einem Attentat ums Leben.

31 In der BRD herrschte 1970 mit einer Arbeitslosenquote von 0,7 % faktisch Vollbeschäftigung. In der DDR lag die Beschäftigungsquote laut offiziellen Angaben bei 100 %, die Arbeitslosenquote folglich bei 0%. Ein wesentlicher Unterschied – abgesehen davon, dass die DDR-Zahlen wie bei den Wahlergebnissen nicht die realen Verhältnisse abbildeten – bestand darin, dass der Anteil der erwerbstätigen Frauen in der BRD mit 30,3 % erheblich geringer war als in der DDR, wo er 48,3 % betrug.

32 Nachdem die USA zehn Jahre lang offiziell auf Seiten Nordvietnams gegen den kommunistischen Süden gekämpft hatten, endete der Vietnamkrieg am 30. April 1975 mit dem Fall Saigons, das von nordvietnamesischen Truppen eingenommen wurde. Am 2. Juli 1976 wurde Vietnam als neu gegründete Sozialistische Republik Vietnam wiedervereinigt, Saigon wurde in Ho-Chi-Minh-Stadt umbenannt. Auf vietnamesischer Seite kamen durch den Krieg rund eine Million Soldaten und zwei Millionen Zivilisten ums Leben, die USA hatten 58 000 gefallene Soldaten zu beklagen.

Politik & Gesellschaft

33 Wie hieß der Kanzlerkandidat der CDU, der den amtierenden Bundeskanzler Willy Brandt im April 1972 mit einem konstruktiven Misstrauensvotum ablösen wollte?

Helmut Kohl

Karl Carstens

Alfred Dregger

Rainer Barzel

34 Mit wie vielen Mitgliedern tagte die heutige G8 1975 zum ersten Mal?

4

5

6

7

35 Welcher deutsche Politiker sorgte 1977 mit seiner Reise zu dem chilenischen Diktator Augusto Pinochet für Aufsehen?

Friedrich Zimmermann

Heiner Geißler

Franz-Josef Strauß

Hans Filbinger

36 Wie lange blieben die drei überlebenden palästinensischen Olympia-Attentäter von 1972 in deutscher Haft?

17 Tage

53 Tage

15 Jahre

25 Jahre

33 Während der Amtszeit von Willy Brandt wechselten einige Parlamentarier der SPD und FDP zur CDU, sodass die Union rechnerisch zuletzt über eine knappe absolute Mehrheit verfügte. Rainer Barzel war seit 1971 CDU-Vorsitzender und wollte sich per Misstrauensvotum zum Kanzler wählen lassen; am Ende fehlten ihm allerdings zwei sicher geglaubte Stimmen. Es stellte sich später heraus, dass ein CDU- und ein CSU-Abgeordneter von der Stasi bestochen worden waren, um gegen Barzel zu stimmen.

34 Die Staats- und Regierungschefs von Deutschland, Frankreich, Großbritannien, Japan, Italien und den USA trafen sich 1975 auf Schloß Rambouillet erstmals zum sogenannten Kamingespräch. Was als währungspolitischer Meinungsaustausch der G6 in kleiner Runde begann und im folgenden Jahr durch den Beitritt Kanadas zur G7 wurde, hat sich inzwischen zu einem gigantischen Politikgipfel ausgewachsen, bei dem eine Vielzahl weltpolitischer Themen beraten wird. 1998 wurde die Gruppe durch die Mitgliedschaft Russlands zur G8 erweitert, wobei Russland jedoch von den finanz- und währungspolitischen Beratungen ausgeschlossen ist.

35 Es war der CSU-Politiker Franz-Josef Strauß, der 1977, vier Jahre nach dem Putsch gegen die frei gewählte sozialistische Regierung, den chilenischen Diktator Pinochet besuchte, für den er einige Sympathien empfand und dessen Regime er ausdrücklich lobte. Von Spuren einer Militärdiktatur in dem südamerikanischen Staat wollte Strauß, dem in Santiago de Chile bizarrerweise die Ehrendoktorwürde im Fachbereich Rechtswissenschaften verliehen worden war, nichts mitbekommen haben.

36 Die drei Terroristen, die bei dem katastrophalen Polizeieinsatz auf dem Flughafen in Fürstenfeldbruck mit dem Leben davongekommen waren, blieben nur ganze 53 Tage in deutscher Haft. Nachdem andere Terroristen eine Lufthansa-Maschine entführt hatten, entschied sich die deutsche Regierung, ohne Rücksprache mit der israelischen Staatsführung, die Attentäter gegen die Flugzeugpassagiere und Besatzungsmitglieder auszutauschen. Ein israelisches Geheimkommando, das die Verantwortlichen des Münchner Attentats und die drei Freigepressten liquidieren sollte, konnte der Attentäter nicht mehr habhaft werden.

Politik & Gesellschaft

37 Wann marschierten russische Truppen in Afghanistan ein?
Sommer 1978
Winter 1978
Sommer 1979
Winter 1979

38 In welches Landesparlament zog 1979 erstmals eine grüne Partei ein und verbuchte damit den ersten großen Erfolg für die neue Bewegung?
Bremen
Hessen
Berlin
Nordrhein-Westfalen

39 Wen wählte die Volkskammer der DDR 1976 zum Staatsratsvorsitzenden?
Willi Stoph
Walter Ulbricht
Erich Mielke
Erich Honecker

40 Welcher Begriff steht synonym für das Friedensabkommen, das Ägypten und Israel im Jahr 1978 schlossen?
Camp David
GATT
START
Zürich

37 Zum ersten größeren Einsatz sowjetischer Streitkräfte außerhalb des eigenen Macht-bereichs nach dem Zweiten Weltkrieg kam es im Dezember 1979 mit dem Einmarsch von 80 000 Mann der 40. Armee in Afghanistan. Der dort nach dem Militärputsch von 1973 diktatorisch regierende Staatspräsident war nach Aufständen von der kommunistischen Demokratischen Volkspartei abgelöst worden. Doch schnell wuchs in der Bevölkerung Widerstand gegen das neue, aber ebenfalls repressive Regime, dem die UdSSR trotz welt-weiten Protests Beistand leisten wollte.

38 Mit 5,14 % der Stimmen bei der Wahl zur Bremischen Bürgerschaft zog die Bremer Grüne Liste als erste grüne Partei in ein Landesparlament ein. Nach der Gründung der bundesweit antretenden Partei Die Grünen im Jahr 1980 traten zu den nächsten Bürger-schaftswahlen 1983 drei grüne Parteien an: die Bremer Grüne Liste, die Betrieblich-Alternative Liste und Die Grünen, die mit 5,4 % Stimmenanteil als einzige der drei im nächsten Landesparlament vertreten war.

39 Erich Honecker, der Walter Ulbricht 1971 im SED-Zentralkomitee als Erster Sekretär abgelöst hatte, wurde am 29. Oktober 1976 zum Staatsratsvorsitzenden gewählt. Er blieb fast 13 Jahre im Amt, bis er im Oktober 1989 im Zuge der friedlichen Revolution zum Rücktritt gezwungen wurde. In seine Amtszeit fiel u. a. die Ausbürgerung Wolf Biermanns, die später häufig als »Anfang vom Ende der DDR« bezeichnet wurde. Ein Gerichtsverfahren gegen Honecker wegen des Schießbefehls an der innerdeutschen Grenze wurde 1993 wegen des schlechten Gesundheitszustands des ehemaligen DDR-Staatsoberhaupts eingestellt.

40 Das etwa 80 Kilometer von Washington D. C. entfernt liegende Camp David ist der Land-sitz des amerikanischen Präsidenten. Hier wurde unter Vermittlung von US-Präsident Jimmy Carter zwischen dem israelischen Premierminister Menachem Begin und dem ägyptischen Präsidenten Anwar al-Sadat 1978 der Friedensvertrag zwischen den beiden Nahost-Staaten ausgehandelt. Sadat, der zusammen mit Begin den Friedensnobelpreis 1978 erhielt, wurde von Khomeini zum »Feind des Islam« erklärt; am 6. Oktober 1981 fiel er einem Attentat ägyptischer Fundamentalisten zum Opfer.

Politik & Gesellschaft

41 Welche Neuregelung beschoss der Bundestag am 18. Juni 1970?
Volljährigkeit mit 18
Wahlrecht mit 18
Führerschein mit 18
Ehemündigkeit mit 18

42 Wo ereignete sich am 28. März 1979 ein schweres Kraftwerkunglück?
Sellafield
Greifswald
Harrisburg
Kyschtym

43 Womit gelang der Familie Strelzyk im Sommer 1979 die Flucht aus der DDR?
Heißluftballon
Floß
Mini-U-Boot
Panzer

44 Welcher Spezialeinheit gelang am 18. Oktober 1977 in der somalischen Hauptstadt Mogadischu die Überwältigung palästinensischer Flugzeugentführer und die Befreiung all ihrer Geiseln?
SEK
MI5
GSG9
SAS

41 Der Bundestag beschloss 1970, das Alter für die Ausübung des aktiven Wahlrechts von 21 Jahre auf 18 Jahre herabzusetzen und gleichzeitig das passive Wahlrecht, also die eigene Wählbarkeit, an die Volljährigkeit zu koppeln, sodass dieses Recht von da an schon mit 21 statt wie bisher mit 25 Jahren ausgeübt werden konnte. Die Volljährigkeit wurde in der BRD erst am 1. Januar 1975 auf 18 Jahre herabgesetzt; DDR-Bürger erreichten die Volljährigkeit bereits seit 1950 mit der Vollendung des 18. Lebensjahrs.

42 Im Kernkraftwerk *Three Mile Island* bei Harrisburg im US-Bundesstaat Pennsylvania kam es am 28. März 1979 zu einem der bislang größten KKW-Unglücke. Infolge technischer Probleme, konstruktiver Mängel und Bedienfehler wurde Radioaktivität freigesetzt, woraufhin ein Drittel des Reaktorkerns fragmentierte oder schmolz. Zu Reaktorunfällen in Sellafield, Großbritannien, war es bereits 1957 und 1973 gekommen, im ostdeutschen Greifswald 1975 und im russischen Kyschtym 1957. Vom letztgenannten Unglück in dem abgelegenen Reaktor im Ural erfuhr die Öffentlichkeit jedoch erst 30 Jahre später.

43 Um 1:30 Uhr in der Nacht des 16. September 1979 brachen die acht Mitglieder der thüringischen Familien Strelzyk und Wetzel in einem selbstgebauten Heißluftballon zu ihrer Flucht nach Westen auf. 28 Minuten später landeten sie nach 22 Flugkilometern bei einer maximalen Höhe von 2600 Metern auf einem Feld beim bayerischen Ort Naila. Probleme bei der Vorbereitung hatte v. a. die Materialbeschaffung bereitet; besonders kompliziert gewesen war die Beschaffung von 1200 Quadratmeter wasserdichten Stoffes, ohne Verdacht zu erregen. Ein erster Fluchtversuch der Familie Strelzyk Anfang Juli 1979 war bereits gescheitert.

44 Nach dem dilettantischen Polizeieinsatz im Rahmen des Olympia-Attentats 1972 in Fürstenfeldbruck wurde der Polizeioffizier Ulrich Wegener mit der Bildung einer schlagkräftigen Antiterroreinheit beauftragt. Er bildete daraufhin die Grenzschutzgruppe 9 (GSG9), als deren Kommandeur er auch ihren ersten Einsatz bei der Geiselbefreiung in Mogadischu leitete. Zwei Angehörige der britischen Spezialeinheit SAS waren an der Planung des Einsatzes beteiligt und zündeten zu Beginn der Operation neu entwickelte Blendgranaten; die Stürmung der Lufthansa-Maschine *Landshut* erledigten jedoch ausschließlich GSG9-Beamte.

Politik & Gesellschaft

45 Wer war für wenige Tage gleichzeitig geschäftsführender Bundeskanzler und Bundespräsident?

Walter Scheel

Willy Brandt

Gustav Heinemann

Helmut Schmidt

46 Wie viele Deutsche erhielten in den 70er-Jahren den Nobelpreis?

1

3

5

7

47 Wie lange wurden die Angehörigen der amerikanischen Botschaft in Teheran, die am 4. November 1979 gefangen genommen worden waren, von der iranischen Führung als Geiseln festgehalten?

167 Tage

290 Tage

368 Tage

444 Tage

48 Wessen Skelettreste wurden 1973 nahe dem Lehrter Bahnhof in Berlin gefunden?

Eva Braun

Joseph Goebbels

Martin Bormann

Heinrich Himmler

45 Nach Willy Brandts Rücktritt vom Amt des Bundeskanzlers am 7. Mai 1974 ernannte der amtierende Bundespräsident Gustav Heinemann den bisherigen Vizekanzler und Außenminister Walter Scheel zum geschäftsführenden Bundeskanzler; dieses Amt sollte Scheel innehaben, bis Helmut Schmidt als Brandts Nachfolger am 16. Mai 1974 vereidigt wurde. Bereits am 15. Mai wurde Walter Scheel jedoch mit den Stimmen von SPD und FDP in der Bundesversammlung zum neuen Bundespräsidenten gewählt. Für knapp zwei Tage war er damit sowohl Bundeskanzler als auch Bundespräsident.

46 Fünfmal ging der Nobelpreis in diesem Jahrzehnt nach Deutschland. Die Preisträger waren Willy Brandt, der 1971 den Friedensnobelpreis erhielt, Heinrich Böll, der 1972 den Literaturnobelpreis bekam, Ernst Otto Fischer, der 1973 mit dem Nobelpreis für Chemie ausgezeichnet wurde, Karl von Frisch, dem 1973 der Nobelpreis für Physiologie oder Medizin verliehen wurde, und Georg Wittig, der 1979 den Nobelpreis für Chemie erhielt.

47 Auf das Geheiß von Khomeini demonstrierten am 4. November 1979 zahlreiche islamische Fanatiker gegen die USA und Israel. Im Zuge dieser Kampagne besetzten etwa 500 iranische Studenten die amerikanische Botschaft in Teheran und nahmen die 66 Amerikaner, die sich zu dieser Zeit in dem Gebäude aufhielten, als Geiseln. 13 Amerikaner konnten fliehen, eine kranke Geisel wurde später entlassen. Die restlichen 52 gefangen gehaltenen US-Bürger kamen erst nach 444 Tagen frei, am 20. Januar 1981, dem Tag der Vereidigung des neuen US-Präsidenten Ronald Reagan.

48 Martin Bormann war seit 1941 Leiter der Parteikanzlei der NSDAP und ab 1943 Hitlers Sekretär gewesen. Nach dem Krieg kursierten Gerüchte, dass er sich nach Südamerika abgesetzt habe. Aufgrund von Zeitzeugenberichten und Aussagen einer Person, die Bormann bestattet haben wollte, wurden allerdings Grabungen nahe dem Lehrter Bahnhof durchgeführt, wo 1973 Reste eines Skeletts ausgegraben wurden, die Gerichtsmediziner als Bormanns sterbliche Überreste identifizierten. Anhand bestimmter Befunde am Schädel stellten sie überdies fest, dass sein Tod am 2. Mai 1945 vermutlich durch eine Giftkapsel eingetreten war. Diese Ergebnisse wurden 1998 durch eine DNA-Analyse untermauert.

49 Am 6. Juni 1971 outeten sich 374 prominente und nicht prominente Frauen bei einer Unterschriftenaktion für eine Titelgeschichte des Stern mit dem Bekenntnis »Wir haben abgetrieben!« und gaben damit öffentlich zu, sich nach geltendem Recht strafbar gemacht zu haben. Wer war nicht dabei?

Alice Schwarzer
Senta Berger
Uschi Glas
Inge Meysel

50 Wer oder was sorgte 1973 für vier autofreie Sonntage?

Smog-Alarm
Friedensbewegung
Ölkrise
Tour de France

51 Welches Bauprojekt wurde im Juli 1970 abgeschlossen?

Suezkanal
Assuanstaudamm
World Trade Center
Münchener Olympiastadion

52 Welche Freizeitaktivität von Bundespräsident Karl Carstens wurde durch die öffentliche Anteilnahme zu einer Art Bundeshobby?

Singen
Trimm Dich
Wandern
Radfahren

49 Uschi Glas unterschrieb nicht – zwar unterstützte auch sie die Kampagne gegen den §218, wollte aber nicht wider besseren Wissens behaupten, abgetrieben zu haben. Andere Teilnehmerinnen, wie die Initiatorin Alice Schwarzer, hatten solche Bedenken nicht und setzten ihren Namen öffentlichkeitswirksam unter das Schuldeingeständnis. Mit rund 3000 weiteren ›Selbstanzeigen‹ und knapp 90 000 Solidaritätsunterschriften löste die Aktion eine breite öffentliche Debatte aus und trug entscheidend zur Lockerung des Abtreibungsparagraphen bei, der noch Anfang der 70er-Jahre selbst vergewaltigten Frauen eine Abtreibung verbot.

50 Nachdem die OPEC-Staaten die Ölfördermengen gezielt gedrosselt hatten, um ihre Unzufriedenheit mit der Haltung der westlichen Staaten im Jom-Kippur-Krieg zum Ausdruck zu bringen, stieg der Ölpreis binnen kurzer Zeit um fast 70 Prozent. Diese erste Demonstration der massiven Nachteile, die die Abhängigkeit der westlichen Industrienationen vom Öl und damit von den hauptsächlich arabischen Förderstaaten mit sich bringt und in Deutschland zu vier Sonntagsfahrverboten führte, war also nicht ökologischer, sondern politischer Natur.

51 Mit der Inbetriebnahme der letzten von insgesamt zwölf Turbinen wurde am 21. Juli 1970 der Bau des neuen Assuanstaudamms in Südägypten vollendet, durch den der Nil zum Nassersee gestaut wird. Der Damm ist 111 Meter hoch und fünf Kilometer lang. Spektakulär war die durch den Bau notwendig gewordene Verlegung des Tempels von Abu Simbel mit den vier großen Ramses-Figuren, der zerlegt und 180 Meter weiter landeinwärts und 64 Meter höhergelegen wieder errichtet wurde. Der Suezkanal wurde bereits 1869 eröffnet, das World Trade Center 1973 und das Münchener Olympiastadion im Mai 1972.

52 Der 1979 zum Bundespräsidenten gewählte CDU-Politiker, der als stramm konservativ galt, aber die Befürchtungen seiner parteipolitischen Gegner durch seine Amtsführung zerschlagen konnte, war ein leidenschaftlicher Wanderer. Während seiner Amtszeit erkundete er sämtliche Bundesländer auf Schusters Rappen, begleitet von zahlreichen Bürgern, die sich ihm bei den Wochenendtouren anschlossen – teils waren es mehrere tausend. Carstens, der wegen seines hohen Alters auf eine zweite Amtszeit verzichtete, wurde aufgrund seines Hobbys auch Wanderpräsident genannt.

53 Wer gilt als Architekt der Ostverträge, die Deutschland in den 1970er-Jahren mit der DDR und anderen Staaten des damaligen Ostblocks abschloss?

Willy Brandt

Herbert Wehner

Helmut Schmidt

Egon Bahr

54 Wie hieß der DDR-Spion im engsten Umkreis von Bundeskanzlers Willy Brandt, dessen Enttarnung am 25. April 1974 knapp zwei Wochen später zu Brandts Rücktritt führte?

Markus Wolf

Hansjoachim Tiedge

Günter Guillaume

Alexander Schalck-Golodkowski

55 In welcher Stadt folgte auf einen Stromausfall am 13. Juli 1977 eine »Nacht des Terrors«?

Rio de Janeiro

Caracas

New York

Kalkutta

56 Wer war von 1966 bis 1972 Wirtschaftsminister, von 1971 bis 1972 außerdem Finanzminister und gilt als einer der bedeutendsten Wirtschaftspolitiker der Nachkriegszeit?

Ludwig Erhard

Kurt Schmücker

Helmut Schmidt

Karl Schiller

53 Egon Bahr, der Bundesminister für besondere Aufgaben, entwickelte die politischen Leit-linien für Willy Brandts zunächst hoch umstrittene Ostpolitik und prägte auch das ihr zugrun-de liegende Schlagwort vom »Wandel durch Annäherung«. Unter Helmut Schmidt zunächst Bundesminister für wirtschaftliche Zusammenarbeit, schied Bahr 1976 aus der Regierung aus und war im Anschluss daran fünf Jahre lang Bundesgeschäftsführer der SPD.

54 Günter Guillaume und seine Frau Christel waren in den 1950er-Jahren durch das Minis-terium für Staatssicherheit der DDR zu Agenten ausgebildet worden und 1956 nach Frank-furt am Main übergesiedelt, wo sie ein Jahr später in die SPD eintraten. Guillaume stieg rasch auf und wurde 1972 persönlicher Referent des Bundeskanzlers. Die Enttarnung dieses engen Mitarbeiters, dem Brandt jahrelang vertraut hatte, war der offizielle Grund für seinen Rücktritt am 7. Mai 1974; allerdings nimmt man an, dass zudem innerparteiliche sowie gesundheitliche Gründe diese Entscheidung beeinflusst hatten.

55 Wie bereits fast zwölf Jahre zuvor legte am 13. Juli 1977 ein totaler Stromausfall die Zehn-Millionen-Einwohner-Metropole New York lahm. Der Grund für den Stromausfall, der um 21:34 Uhr einsetzte, waren Defekte an zwei für die Energieversorgung der Großstadt entscheidenden Kraftwerken, die sich nach Blitzeinschlägen abgeschaltet hatten. Die Stadt war insgesamt 24 Stunden ohne Strom. Während dieser Zeit und vor allem in der Nacht, die der New Yorker Bürgermeister später als »Nacht des Terrors« bezeichnete, kam es zu zahl-reichen Plünderungen und anderen schweren Verbrechen. Allein 3300 Plünderer wurden während des Stromausfalls festgenommen.

56 Karl Schiller war maßgeblich für die Erstellung des bis heute gültigen Stabilitäts- und Wachstumsgesetzes und insbesondere der darin in Form des Magischen Vierecks festge-legten Wirtschaftsziele (hoher Beschäftigungsstand, stabiles Preisniveau, angemessenes und stetiges Wirtschaftswachstum und außenwirtschaftliches Gleichgewicht) verantwortlich. Gemeinsam mit seinem Amtsvorvorgänger Ludwig Erhard hat er die Wirtschaftspolitik der Bundesrepublik entscheidend geprägt – obwohl er 1972 aus Protest gegen den von Willy Brandt eingeschlagenen wirtschaftspolitischen Kurs zurücktrat.

Unterhaltung

Unterhaltung in den 70ern

…das war lange Zeit Fernsehen ohne Farbe, das waren drei Sender und die große Wahrscheinlichkeit, dass am Wochenende fast jeder dieselbe Fernsehshow, denselben Film gesehen hatte. Das war die Zeit, als überwiegend Testbild lief, das Programm begann erst am Nachmittag. Wer Lust auf einen Film hatte, musste warten können oder ins Kino gehen, oder zu Super-8-Filmen greifen: Das erstaunlich breite Angebot an zeittypischen Softsexfilmchen; viele Schauspieler, die später durch die Wohnzimmer flimmerten, hatten hier erste Erfahrungen vor der Kamera gesammelt oder einfach nur Geld verdient. Die Musik kam aus brandneuen Hifi-Türmen oder Radiokassettenrekordern, mit denen aufgenommen wurde, was das Radio, das Überspielkabel oder das Mikrofon hergab. Kassetten waren praktisch und gut, aber wer etwas auf sich hielt, hatte eine Tonbandmaschine.

1 **Was bestellte Didi Meisenkaiser bei einem Kaufladenspiel zum Zeitvertreib bei seinem Zellengenossen im Knast?**
eine Feile
eine Flasche Pommes frites
eine Tüte Doppelkorn
eine Hasenscharte

2 **Wie hieß der Texter so beliebter Comic-Reihen wie *Lucky Luke* oder *Asterix*, der 1977 starb?**
Jean-Jacques Sempé
Albert Uderzo
René Goscinny
Charles M. Schulz

3 **Welche war die erfolgreichste Krimiserie im deutschen Fernsehen?**
Der Alte
Derrick
Stahlnetz
Der Kommissar

4 **Welcher Kicker war mit dem Lied *Head over Heels in Love* auch als Musiker erfolgreich?**
Roger van Gool
Kevin Keegan
Tony Woodcock
Allan Simonson

1 In dem berühmten gespielten Witz zum Ende der Sendung *Nonstop Nonsens* mit Didi Hallervorden, die zwischen 1975 und 1980 in der ARD ausgestrahlt wurde, spielen Hallervorden selbst und sein Kollege Gerhard Wollner Häftlinge, die sich langweilen und zum Zeitvertreib Kaufladen spielen. Mit dem lautmalerisch imitierten Bimmeln der Türglocke – »Palim-Palim« – betritt Didi Meisenkaiser den fiktiven Laden und treibt seinen Spielkameraden mit der unsinnigen Bestellung einer Flasche Pommes frites zur Verzweiflung, denn bis zuletzt beharrt er darauf, dass Fritten üblicherweise in Flaschen verkauft werden.

2 Der 1926 geborene Texter und Zeichner René Goscinny starb 1977 während einer ärztlichen Untersuchung an einem Herzinfarkt. Sein Kollege und Freund, der Zeichner Uderzo, mit dem er als Texter seit dem Ende der 1950er-Jahre die Comic-Reihe um den Gallier Asterix publiziert hatte, führte die beliebte Serie daraufhin allein weiter. Dass es bei den von Bild zu Bild erzählenden Comics im Allgemeinen leichter zu sein scheint, den Texter zu ersetzen als den Zeichner, zeigen auch Goscinnys andere Projekte: Ebenso haben ihn der *Kleine Nick, Lucky Luke* und *Isnogud* überlebt.

3 Keine andere deutsche TV-Serie wurde in so viele Länder verkauft und in so viele Sprachen übersetzt wie *Derrick*. Der legendäre Satz »Harry, hol' schon mal den Wagen«, mit dem Horst Tappert alias Derrick seinen Assistenten immer wieder zur routinemäßigen Handlung aufgefordert haben soll, fiel allerdings nur einmal – und das nicht mal in dieser Serie: Die Figur des Assistenten Harry Klein stammt nämlich ursprünglich aus *Der Kommissar*, und dort erteilte ihm Erik Ode in der Rolle des Kommissar Keller den berühmt-berüchtigten Auftrag; übrigens ebenfalls an Fritz Wepper, der die Rolle schon damals verkörperte.

4 Der 1951 geborene, nur 1,69 Meter große englische Nationalspieler Kevin Keegan, dem in seiner Heimat der Spitzname »Mighty Mouse« verliehen worden war, spielte von 1977 bis 1980 beim Hamburger SV. 1979 produzierte der Smokie-Sänger Chris Norman mit Kevin Keegan den Popsong *Head over Heels in Love,* der es auf Platz 10 der deutschen Hitparade und in den britischen Charts auf Platz 31 schaffte. Der Nachfolgesong *England,* den er 1980 nach der Rückkehr in sein Heimatland herausbrachte, floppte allerdings.

Unterhaltung

5 **In welchem ZDF-Adventsvierteiler spielte Ekkehardt Belle mit?**
Matthias Sandorf
Der Seewolf
Lockruf des Goldes
Die Abenteuer des David Balfour

6 **In welche Währung wurde am Ende der von Hans Rosenthal moderierten Spiel- und Ratesendung *Dalli Dalli* der für einen guten Zweck gespendete DM-Betrag umgerechnet?**
Schweizer Franken
Österreichische Schilling
Ecu
Dollar

7 **Wie lautete der bürgerliche Name des Ton-Steine-Scherben-Sängers Rio Reiser, der nach der Auflösung der Band 1985 auch als Solokünstler erfolgreich war?**
Ralph Peter Steitz
Wolfgang Seidel
Kai Sichtermann
Ralph Moebius

8 **Was war das Markenzeichen des beliebten Entertainers und Showmasters Peter Frankenfeld?**
dicke Zigarren
gepunktete Krawatten
großkarierte Sakkos
Plateauschuhe

5 Nachdem das ZDF 1966 mit *Die Schatzinsel* bereits einen Abenteuerroman des schottischen Schriftstellers Robert Louis Stevenson als Weihnachtsvierteiler verfilmt hatte, folgte 1978 mit *Die Abenteuer des David Balfour* die filmische Umsetzung eines weiteren Stevenson-Romans. Die Titelrolle übernahm der deutsche Jungschauspieler Ekkehardt Belle, der sich während des Drehs übrigens nicht nur vor, sondern auch hinter der Kamera in seine Filmpartnerin Aude Landry verliebte und mit ihr so lange liiert war, bis sie mit seinem Freund Heiner Lauterbach zusammenkam.

6 Da es sich bei *Dalli Dalli* um eine Gemeinschaftsproduktion von ZDF und ORF handelte, wurde der für eine in Not geratene Familie gestiftete Gesamtbetrag, der sich aus der aufsummierten Punktzahl aller Teams ergab, auch in Schilling umgerechnet. Die Umrechnung übernahm charmanterweise das deutsche Jurymitglied Mady Riehl, während ihre österreichische Kollegin Brigitte Xander zuvor den DM-Betrag ermittelt hatte.

7 Der 1950 geborene und bereits 1996 verstorbene Rio Reiser hieß eigentlich Ralph Moebius. Als Musiker änderte er seinen Namen in Anlehnung an die jugendliche Hauptfigur aus dem Roman *Anton Reiser,* den der Sturm-und-Drang-Dichter Karl Philipp Moritz in den Jahren 1785 bis 1790 geschrieben hat. Ralph Peter Steitz, der sich R. P. S. Lanrue nannte, war der Gitarrist der Band, Kai Sichtermann spielte den Bass und Wolfgang Seidel saß hinter dem Schlagzeug in der Gründungsformation von Ton Steine Scherben.

8 Peter Frankenfeld jobbte als Zauberer bei einem Wanderzirkus, als Page, Handelsvertreter, Schaufensterdekorateur, Kunstmaler, Stepptänzer und Kabarettist, bevor nach dem Zweiten Weltkrieg seine Karriere beim Rundfunk und dem noch jungen Medium Fernsehen begann. Das Markenzeichen des Berliners, der in den 60er- und 70er-Jahren mit Sendungen wie *Vergissmeinnicht* und *Musik ist Trumpf* zu einem der beliebtesten Entertainer und Conferenciers im deutschen Fernsehen wurde, waren großkarierte Sakkos, die er bei all seinen Fernsehauftritten trug.

Unterhaltung

9 **Wer erzielte 1974 als Erster fünf Treffer an der Torwand des *Aktuellen Sportstudios?***

Franz Beckenbauer

Gerd Müller

Mike Krüger

Günter Netzer

10 **Welches Show-Element wurde 1979 in den von Radio Bremen produzierten *Musikladen* aufgenommen, der hauptsächlich Live-Auftritte bot?**

Videoclips

Gogo-Girls

Oldie-Auftritte

Sketche

11 **Wer spricht die Rolle des Geißen-Peters in der japanischen Zeichentrickserie *Heidi*, die seit 1974 in zahlreichen Wiederholungen im deutschen Fernsehen gezeigt wurde?**

Thommy Ohrner

Patrick Bach

Hendrik Martz

Philipp Moog

12 **Mit welchem Hit wurde Mike Krüger 1975 deutschlandweit berühmt?**

Bodo mit dem Bagger

Mein Gott, Walther

Seit ich hier wohne

Der Nippel

9 Auf Werner Schneider, der das *Aktuelle Sportstudio* von 1964 bis 1973 moderierte, ging die Einführung des Torwandschießens 1966 zurück. Günter Netzer war der Erste, dem es gelang, von sechs Bällen fünf einzulochen; dies schafften anschließend nur noch wenige andere, so z. B. Rudi Völler. Franz Beckenbauer kam, wie übrigens auch Mike Krüger, auf vier Treffer, allerdings gelang Beckenbauer ein ganz besonderes Kunststück: Er versenkte einen auf einem Weizenbierglas liegenden Ball.

10 Seit 1979 wurden die Auftritte international erfolgreicher Bands wie Abba, Boney M. und Bee Gees durch tanzende, nur spärlich bekleidete Gogo-Girls optisch abgerundet. Erst ab Mai 1980 wurden im *Musikladen* auch vereinzelt Videoclips gezeigt. Per Telefonanruf von den Zuschauern auszuwählende Aufnahmen von Oldie-Auftritten, die jeweils am Ende der Sendung gezeigt wurden, gab es schon seit 1973, auf Sketche wurde in der Sendung nach 1975 verzichtet.

11 Es ist die Stimme von Thomas »Thommy« Ohrner, die bis heute in der Kinderserie mit der berühmten deutschen, von Gitte und Erika gesungenen Titelmelodie zu hören ist. Das Gesicht des 1965 geborenen Schauspielers und Moderators wurde 1979 durch Ohrners Rolle als Timm Thaler im gleichnamigen ZDF-Weihnachtsmehrteiler bekannt. »Der Junge, der sein Lachen verkaufte« stand übrigens jahrzehntelang im Verdacht, sein Lachen auch in Wirklichkeit verkauft zu haben, und zwar an die Firma Ferrero, deren Kinderschokolade sein Gesicht seit 1973 geziert haben soll. 2005 deckte der Kameramann und Filmemacher Günter Euringer allerdings auf, dass er der Schokoladenjunge war. Er erhielt für die Foto-aufnahmen damals ein Honorar von 300 D-Mark.

12 Der gelernte Betonbauer Michael Krüger trat neben seinem Architekturstudium auch als Sänger auf. Nach dem riesigen Erfolg mit der Versagerballade *Mein Gott, Walther* und der gleichnamigen Langspielplatte, von der auf Anhieb 660 000 Exemplare verkauft wurden, schmiss Krüger das Studium und konzentrierte sich von nun an auf seine Musikerkarriere. Der Titel seines ersten großen Erfolgs war schnell in aller Munde und wurde bald schon zum geflügelten Wort.

Unterhaltung

13 Wie hieß die Tochter der Klimbim-Familie, die von Ingrid Steeger gespielt wurde?
Elke
Gabi
Petra
Susi

14 Wie heißen die Protagonisten in dem Film *Die große Flatter*?
Oleg und Bollek
Kalle und Dieter
Zappa und Jagger
Richy und Schocker

15 Welches Amt bekleidete Walter Scheel, als er bei Wim Thoelke in der TV-Show *Drei mal Neun* das bekannte deutsche Volkslied *Hoch auf dem gelben Wagen* zum Besten gab?
Bundeskanzler
Bundespräsident
Außenminister
Ministerpräsident von NRW

16 Was gehörte in Rudi Carrells TV-Sendung *Am laufenden Band* zu den Dingen, die der Gewinner regelmäßig auf dem Fließband präsentiert bekam?
Toaster
Fragezeichen
Geldbörse
Würfel

13 Ingrid Steeger spielte in der ersten deutschen Comedy-Serie, die von 1973 bis 1979 im deutschen Fernsehen lief, neben dem Nummerngirl auch die Gabi, deren voller Name Gabriele von Scheußlich lautete. Ihre Markenzeichen waren eine große Zahnlücke, Sommersprossen und zwei blonde Zöpfe. Die restlichen Mitglieder der Klimbim-Familie waren Mutter Jolanthe (Elisabeth Volkmann), Stiefvater Adolar (Horst Jüssen), Hund Heinrich und der militante Großvater (Wichart von Roëll).

14 Richy und Schocker heißen die beiden von Richy Müller und Jochen Schroeder gespielten Freunde, die am Stadtrand von Berlin in einer Obdachlosensiedlung leben und vergeblich versuchen, sich auf ehrliche Weise durchzuschlagen. Der Fernsehdreiteiler von Regisseurin Marianne Lüdcke entstand 1978/79 nach dem gleichnamigen Roman von Leonie Ossowski, die in dem Buch ihre Erfahrungen als Sozialarbeiterin verarbeitete. In dem hochkarätig besetzten Film spielten neben Müller und Schroeder u. a. auch Hanna Schygulla, Günter Lamprecht und Gottfried John mit.

15 Walter Scheel war Anfang 1974 als seit 1969 amtierender Außenminister und gleichzeitiger Kandidat um das Amt des Bundespräsidenten in der Sendung zu Gast. Er trug das Lied, das kurz danach in den Charts sprunghaft nach oben kletterte, zusammen mit dem Düsseldorfer Gesangsverein vor. Am 15. Mai 1974 gewann der FDP-Politiker die Bundespräsidentenwahl schließlich mit 32 Stimmen Vorsprung vor Richard von Weizsäcker, der zehn Jahre später mit einer überwältigenden Mehrheit von 80 % ins Amt gewählt wurde. Seinen bislang letzten Auftritt mit dem Lied hatte Walter Scheel 2006 im Rahmen der Verleihung der »Krone der Volksmusik«, die er auch selbst erhielt.

16 Wenn am Ende der Sendung der Gewinner feststand, dann durfte er in einem großen Korbsessel vor dem »laufenden Band« Platz nehmen und musste sich möglichst viele der auf diesem an ihm vorbeidefilierenden Gegenstände merken. Diejenigen, an die er sich erinnern konnte, durfte er mit nach Hause nehmen. Einen Toaster, eine Kaffemaschine oder einen Staubsauger gab es häufig zu gewinnen, das Fragezeichen, das einen größeren Überraschungsgewinn symbolisierte, war jedoch immer dabei.

Unterhaltung

17 Welcher Bigband-Leader hatte einen Vertrag mit dem ZDF und sorgte regelmäßig in Shows wie _Drei mal Neun_, _Musik ist Trumpf_ und _Der große Preis_ für die musikalische Unterhaltung?

Max Greger

James Last

Günter Noris

Hugo Strasser

18 Welche Funktion bekleidete Walter Spahrbier in der Ratesendung _Der große Preis?_

Polizist

Schiedsrichter

Platzanweiser

Postbote

19 Wie hieß der Farbige in der amerikanischen _Sesamstraße_, die bei uns zunächst nur synchronisiert gezeigt wurde?

Gordon

Bob

Jack

Mr. Hoober

20 Welcher Schauspieler ging in dem 1977 von Bernd Eichinger produzierten und unter der Regie von Wolfgang Petersen realisierten Fernsehfilm _Die Konsequenz_ eine Liebesbeziehung zu einem 16-Jährigen ein?

Claus Theo Gärtner

Raimund Harmstorf

Götz George

Jürgen Prochnow

17 Max Greger, dessen Sohn und Enkel übrigens ebenfalls Max Greger heißen, hatte von 1963 bis 1977 als Bigband-Leader einen Festvertrag mit dem ZDF. Zwischen 1955 und 1977 nahm er mehr als dreitausend Titel mit seinem Orchester auf. Der ebenfalls sehr erfolgreiche Orchesterleiter Hugo Strasser war als Altsaxophonist und Klarinettist im Max-Greger-Sextett ab 1949 einige Jahre lang Weggefährte des bekannten TV-Dirigenten.

18 Der Hamburger Geldbriefträger Walter Spahrbier war bereits 1954 von Peter Frankenfeld entdeckt und als Statist in all seinen ZDF-Sendungen eingesetzt worden. Wim Thoelke, der nach dem Ende der Frankenfeld-Show *Vergissmeinnicht* 1970 die Nachfolgesendung *Drei mal Neun* moderierte, übernahm Walter Spahrbier. Mit der Rolle als Postbote, der ab 1974 auch in der Sendung *Der große Preis* in historischen Uniformen mit angeklebter zeitge-nössischer Bartzier die Gewinnverteilung der Aktion Sorgenkind mitteilte, erlangte Spahrbier Ruhm und Kultstatus.

19 Anfang 1973 startete die deutsch synchronisierte Fassung der *Sesame Street* in allen dritten Programmen, abgesehen vom Bayerischen Rundfunk, da die dortigen Verantwort-lichen der Meinung waren, dass die dargestellte Lebenssituation von teils in ärmlichen Ver-hältnissen aufwachsenden Kindern nicht auf Bayern übertragbar sei. Neben Kindern und den bekannten Figuren von Jim Henson traten in der original *Sesamstraße* auch Er-wachsene auf, wie der stets gut gelaunte Farbige namens Gordon, seine sympathische Frau Susan, der einfühlsame Lehrer Bob und der freundliche Ladenbesitzer Mr. Hoober.

20 Das ungleiche Liebespaar spielten Jürgen Prochnow, in der Rolle des homosexuellen Schauspielers Martin Kurath, und der damals 17-jährige Ernst Hannawald. Als literarische Vorlage diente dem Film der gleichnamige Roman von Alexander Ziegler, in dem dieser persönliche Erlebnisse, wie etwa seine Inhaftierung wegen »Verführung Unmündiger zu widernatürlicher Unzucht«, verarbeitet hatte. TV-Geschichte schrieb *Die Konsequenz* auf-grund der rigorosen Reaktion des Bayerischen Rundfunks auf die im Film offen dargestellte Homosexualität: Zur Erstausstrahlung des Films am 8. November 1977 klinkte er sich aus dem ARD-Sendeverbund aus und strahlte statt des ›Skandalfilms‹ zwei andere Filme aus.

Unterhaltung

21 Welcher Koch führte das erste deutsche Drei-Sterne-Restaurant?
Alfons Schuhbeck
Dieter Müller
Johann Lafer
Eckart Witzigmann

22 Wie hieß die Familie, deren Schicksal in der 1979 ausgestrahlten amerikanischen Fernsehserie *Holocaust* dargestellt wurde?
Weiß
Dorf
Rosenbaum
Levy

23 Was demonstrierte der nach eigener Aussage über parapsychologische Fähigkeiten verfügende Uri Geller in der Fernsehsendung *Drei mal Neun*, wodurch nach Meinung etlicher Zuschauer auch bei ihnen zuhause Wirkungen gezeitigt wurden?
Fernheilung
Löffel biegen
defekte Uhren zum Laufen bringen
Glühbirnen zerstören

24 Wer wurde 1976 Nachfolger von Werner Vetterli als Moderator im Schweizer Aufnahmestudio von *Aktenzeichen XY... ungelöst?*
Teddy Podgorsky
Konrad Toenz
Peter Hohl
Peter Nidetzky

21 Nachdem der Österreicher Eckart Witzigmann ab 1971 als Küchenchef im Münchener Restaurant Tantris bereits als erster Aspirant in Deutschland auf eine Top-Auszeichnung durch den *Guide Michelin* galt, war es im Jahr 1979 endlich soweit: Am 19. November wurden ihm für sein Restaurant Aubergine, das er erst im vorangegangenen Jahr in München eröffnet hatte, drei Michelin-Sterne verliehen. Der Sternekoch Alfons Schuhbeck lernte u. a. in Witzigmanns Aubergine, wo auch Johann Lafer als Koch gearbeitet hat. Dieter Müller ist einer von sechs deutschen Drei-Sterne-Köchen im Michelin 2007.

22 Der Untertitel der Ende Januar 1979 in allen dritten Programmen ausgestrahlten Serie lautete: *Die Geschichte der Familie Weiß.* Erzählt wird das Leben einer fiktiven jüdischen Berliner Arztfamilie, von der nur wenige Mitglieder die Verfolgung durch die Nazis überleben. Anhand der Familiengeschichte rekapituliert der Film viele Aspekte des Massenmords an den europäischen Juden, und auch wenn manche Kritiker den Erzählfilm seiner Fiktionalität wegen als generell falsches Medium zur Auseinandersetzung mit dem heiklen Thema betrachteten, so löste die *Holocaust*-Serie 34 Jahre nach Kriegsende doch die erste wirklich breite öffentliche Diskussion über die Judenvernichtung und das Dritte Reich aus.

23 In der von Wim Thoelke am 17. Januar 1974 moderierten Sendung verbog Uri Geller, angeblich Kraft seines Willens, Löffel und kündigte an, dass bei den Zuschauern daheim in Nähe der Fernsehgeräte liegende Besteckteile eventuell ebenfalls verbogen würden. Im Anschluss an die Sendung meldeten sich nicht wenige Zuschauer, die diesen Effekt bei sich zuhause tatsächlich ausgemacht haben wollten, und es setzte regelrechtes Geller-Fieber ein.

24 Werner Vetterli, der in der Schweiz auch heute noch ein geschätzter Sportreporter ist, wurde nach seiner Dienstzeit als TV-Fahnder von 1969 bis 1976 von Konrad Toenz, dem Mann mit der markanten Hornbrille, abgelöst, der 22 Jahre im Amt blieb. Aus dem Wiener Aufnahmestudio jagte von 1971 bis 2002 Peter Nidetzky die Ganoven, der durch einen messerscharfen Seitenscheitel und konzentriert hochgezogene Augenbrauen optisch unverwechselbar war. Peter Hohl leitete das Aufnahmestudio München und war in dieser Funktion von 1967 bis 1979 Assistent von Chefermittler Eduard Zimmermann.

Unterhaltung

25 Galionsfigur und Coverboy der seit 1967 erscheinenden deutschen Ausgabe von MAD ist Alfred E. Neumann. Seine besonderen Kennzeichen sind: Grinsvisage, Segelohren und Zahnlücke. Nach 32 Ausgaben wurde Herbert Feuerstein MAD-Chefredakteur. Er trug maßgeblich dazu bei, dass die Zeitschrift in den 70er-Jahren Kultstatus erlangte. Unvergleichlich waren seine die Comic-Sprache bereichernden Kreationen wie »würg« und »lechz«. Don Martin und Al Jaffee waren Cartoonisten, die das Erscheinungsbild von MAD lange Zeit prägten.

26 In der 1977 produzierten Verfilmung von Max von der Grüns Jugendbuch *Die Vorstadtkrokodile* spielte bemerkenswerterweise die junge Birgit Komanns den Rollstuhlfahrer Kurt Wolfermann, der in die Bande der Vorstadtkrokodile aufgenommen wird, nachdem er ihnen geholfen hat, einem Dieb auf die Spur zu kommen. Das Thema Behinderung, an dem Max von der Grün, selbst Vater eines behinderten Sohns, sehr gelegen war, wird im Film oft hervorgehoben, etwa durch die denkwürdige Szene, in der Kurt beim Urinieren geholfen wird.

27 Ab 1975 spielte Helga Feddersen die Rolle der Else Tetzlaff an der Seite von Heinz Schubert. Obwohl sie dadurch schlagartig bekannt wurde, konnte sie an den Erfolg ihrer Vorgängerin, die die Serie wie Diether Krebs nach 21 Folgen verlassen hatte, nicht anknüpfen. Aufgrund einbrechender Quoten wurde die zweite Staffel dann auch nach nur vier Folgen eingestellt. Die Serie, die dem amerikanischen Sitcom-Format den Weg nach Deutschland geebnet hat, erfreut sich dennoch weiterhin großer Beliebtheit: Einzelne Folgen, wie *Sylvesterpunsch* und *Rosenmontag,* werden bis heute regelmäßig ausgestrahlt.

28 Heinz Schenk und Lia Wöhr moderierten gemeinsam von 1964 bis 1987 die vom Hessischen Rundfunk produzierte Unterhaltungssendung *Zum Blauen Bock.* Die Kulisse der in diversen hessischen Städten gedrehten Shows war eine typische Äppelwoi-Kneipe. Als Dankeschön und zur Erinnerung wurde jedem prominenten Gast, mit dem sich die Moderatoren an einem Tisch in einer geselligen Runde unterhielten, am Ende des Gesprächs von Lia Wöhr ein Bembel überreicht. Um die Original-Bembel vom Blauen Bock zur Unterscheidung von beliebigen anderen Weinkrügen zu kennzeichnen, wurden später die Autogramme der Moderatoren darin eingebrannt.

Unterhaltung

29 Als was war Adolf Sommerauer dem Fernsehpublikum bekannt?
Fernsehpfarrer
Nachrichtensprecher
Fernsehgärtner
Sportreporter

30 Wie heißt der Barde aus der Zeichentrickserie *Wickie und die starken Männer*?
Ulme
Halvar
Faxe
Snorre

31 Als was wurde Evel Knievel berühmt?
Fernsehprediger
Stuntman
Weltumsegler
Illusionskünstler

32 Welche Schauspielerin flirtete 1974 in der Talkshow *Je schöner der Abend ...* so ungeniert mit dem verurteilten Bankräuber Burkhard Driest, dass sich Gerüchte über eine Affäre der beiden noch lange in den Schlagzeilen der Regenbogenpresse hielten?
Christine Kaufmann
Liselotte Pulver
Romy Schneider
Hildegard Knef

29 Der 1909 in München geborene evangelische Pfarrer Adolf Sommerauer erlangte bereits in den 60er-Jahren durch das noch junge Medium Fernsehen einige Popularität. Vor allem seine halbstündige ZDF-Sendung *Pfarrer Sommerauer antwortet,* die zwischen 1963 und 1978 alle zwei Monate ausgestrahlt wurde, machte ihn beim Publikum bekannt. Der Geistliche gab darin Zuschauern, die in Erziehungs- oder Beziehungsfragen sowie in anderen Lebenssituationen Hilfe suchten, Antworten auf schriftlich eingesandte Fragen. Dabei war er stets bajuwarisch warmherzig, aber nicht immer unbedingt der kompetenteste Ratgeber.

30 Am 31. Januar 1974 startete in Deutschland die als deutsch-österreichisch-japanische Koproduktion entstandene Zeichentrickserie um den jungen, gewitzten Wikinger Wickie und die starken Männer aus dem Dorf Flake. Der Barde mit der Leier hieß Ulme. Der starke, mit seiner Augenklappe Respekt einflößende Halvar ist nicht nur Wickies Vater, sondern auch der Anführer der Leute aus Flake. Faxe ist ein groß gewachsener, korpulenter, aber dennoch gutmütiger Kerl. Snorre ist zwar auch dick, aber klein, und er streitet vor allem unablässig mit dem großen, schlanken Tjure.

31 Der 1938 geborene Amerikaner, der mit bürgerlichem Namen Robert Craig Knievel hieß, machte sich vom Ende der 1960er-Jahre bis zu seinem Rückzug 1976 durch atemberaubende Sprünge mit dem Motorrad und spektakuläre Stuntshows weltweit einen Namen: So gelang ihm ein Motorradsprung über 13 Busse ebenso wie einer über 50 Autos. Allerdings waren nicht all seine Aktionen erfolgreich: Insgesamt zog sich Knievel durch seine Stunts 35 Knochenbrüche zu, und nach dem missglückten Versuch, die Brunnenanlage des Caesar's Palace in Las Vegas zu überspringen, lag er sogar vier Wochen im Koma.

32 Die offenherzige Flirterin war Romy Schneider. Eigentlich hatte man sie eingeladen, um sie zu befragen, warum sie nach Frankreich gezogen war und nie wieder die Rolle der Sissi spielen wollte. Nachdem sie ihre Hand auf Driests Knie gelegt und die berühmten Sätze gesprochen hatte: »Sie gefallen mir. Sie gefallen mir sehr!«, überlagerten die Spekulationen darüber, welche Entwicklung das Verhältnis der beiden wohl nach dem Ende der Sendung genommen haben mochte, jede Diskussion zu den beruflichen Plänen der Schauspielerin.

Unterhaltung

33 Im November 1970 lief in der ARD erstmals das nach dem gleichnamigen Kinderbuch von Tilde Michels adaptierte Stück *Kleiner König Kalle Wirsch*. Der rechtmäßige Erdmännchen-König Kalle Wirsch muss sich darin gegen seinen Widersacher Zoppo Trump behaupten, der ihm auf unlautere Weise die Herrschaft streitig machen will. *Urmel aus dem Eis* wurde bereits 1969 produziert. *Jim Knopf und Lukas der Lokomotivführer* feierte in den 70er-Jahren zwar auch eine Premiere – nämlich als es 1976 in einer neu aufgelegten Buntfassung ins Fernsehen kam –, lief ursprünglich aber schon 1961 im TV. *Kater Mikesch* wurde ebenfalls in den 60ern als Schwarz-Weiß-Fassung produziert und erhielt 1985 eine farbige Neuauflage.

34 Rudi Carrell lernte Heinz Eckner, der eigentlich eine Ausbildung als Elektriker abgeschlossen hatte, danach aber zum Schauspiel- und Gesangsfach gewechselt war, zufällig in einer Kantine kennen. Damit begann eine erfolgreiche elfjährige Zusammenarbeit, in der Eckner die Rolle des Assistenten, Dialogpartners und Stichwortgebers von Rudi Carrell übernahm. Nach seiner Zusammenarbeit mit Carrell wirkte Eckner noch in einigen TV-Serien und einem Pumuckl-Film mit.

35 Durch die Verfilmung des Hans-Fallada-Romans *Der eiserne Gustav* aus dem Jahr 1979 ist die von Gustav Knuth gespielte Hauptfigur vielen unvergesslich geblieben. Die Handlung der Geschichte basiert auf tatsächlichen Erlebnissen des 1938 verstorbenen Berliner Droschkenkutschers Gustav Hartmann. Um gegen das allmähliche Aussterben seines Gewerbes durch den permanent zunehmenden Autoverkehr zu protestieren, machte er sich mit seinem Pferdegespann im April 1928 auf den Weg nach Paris, wo er am 4. Juni eintraf.

36 Als eine der ersten ARD-Montagsserien wurde ab Januar 1978 unter dem Titel *MS Franziska* die Geschichte des Rheinschiffers Jakob Wilde und seiner Familie gezeigt. Unter der Regie von Wolfgang Staudte, der bereits durch einige ZDF-Weihnachtsvierteiler und andere TV-Produktionen bekannt war, entstanden mit dem Hauptdarsteller Paul Dahlke acht 60-minütige Folgen rund um das Motorschiff Franziska. Die MS Berlin war von 1986 bis 1998 das Traumschiff der gleichnamigen Fernsehserie, seit 1999 ist es die MS Deutschland.

Unterhaltung

37 Wer sang *Schmidtchen Schleicher*?
Rudi Carrell
Nico Haak
Jan van Bemmel
Geert Kees

38 Wer war der erste Moderator der ARD-Rateshow *Die Montagsmaler*?
Reinhard Mey
Siggi Harreis
Frank Elstner
Michael Schanze

39 Wie hieß die Kröte von Catweazle, dem kauzigen Zauberer, den es in der nach ihm benannten Fernsehserie aus dem Mittelalter ins England der 1970er-Jahre verschlug?
Schneemilia
Kaltwigga
Kühlwalda
Frosthilda

40 Welcher Unterhaltungskünstler, der später eine Solokarriere machte, feierte erste große Erfolge mit der Komikerband Insterburg & Co.?
Frank Zander
Mike Krüger
Diether Krebs
Karl Dall

37 Der niederländische Schlagerstar und Unterhaltungskünstler Nico Haak brachte 1973 mit zwei weiteren Musikern seine erste Single auf den Markt, der Erfolg mit der Gruppe ließ aber noch ein Jahr auf sich warten. 1975 entschied sich Haak, fortan allein als Sänger aufzutreten. Seine erste Solo-Single, *Foxie Foxtrot,* spielte er unter dem Titel *Schmidtchen Schleicher* auch auf Deutsch ein. Das Lied wurde hierzulande ein Riesenhit, der sich wochenlang in der Top Ten halten konnte. Zwei weitere große Hits landete Haak mit *Fischer Fritz fischt frische Fische* und *Unterm Schottenrock ist gar nichts.*

38 Frank Elstner moderierte die von ihm selbst entwickelte Schnellratesendung von 1974 bis 1979. Die Show, in der zwei Kinder- und zwei Erwachsenenteams gegeneinander antraten und Begriffe zu erraten suchten, die die Mannschaftsmitglieder reihum zeichnend darzustellen hatten, wurde zu einem Dauerbrenner des deutschen Fernsehens. Nach Elstners Wechsel zum ZDF mit der ebenfalls von ihm konzipierten Sendung *Wetten, dass ..?* übernahm zunächst der Liedermacher Reinhard Mey für drei Folgen die Leitung der Show, bevor ihm im August 1980 Siggi Harreis folgte. Sie blieb Moderatorin bis zur letzten Sendung der Rateshow *Die Montagsmaler* im Jahr 1996.

39 Kühlwalda (engl.: *Touchwood*) hieß die Kröte, die ebenso bekannt und beliebt wurde wie Catweazles Standardzauberformel »Salmei, Dalmei, Adomei ...«. Die 26 Folgen der Serie strahlte das ZDF erstmals 1974 aus. Noch bekannter als Hauptdarsteller Geoffrey Bayldon dürfte heute vor allem der Drehbuchautor Richard Carpenter sein: Er schrieb nachfolgend auch die Drehbücher zu Erfolgsserien wie *Fünf Freunde* oder *Black Beauty* und wirkte darüber hinaus an der Zeichentrickserie *Doktor Snuggles* mit.

40 Der nach dem Komödianten und Musiker Ingo Insterburg benannten Formation Insterburg & Co., die von 1967 bis 1979 bestand, gehörten neben dem Namensgeber außerdem Karl Dall, Peter Ehlebracht und Jürgen Barz an. Das Programm des Quartetts, das in vielen bekannten TV-Sendungen auftrat und dadurch rasch berühmt wurde, bestand aus witzigen Musikstücken und spontanen Quatschnummern. Auch heute noch wird ihr Lied *Ich liebte ein Mädchen* gelegentlich gespielt.

Unterhaltung

41 Wer war Harald Juhnkes Sketch-Partnerin in der Sendung *Ein verrücktes Paar?*

Elisabeth Wiedemann

Helga Feddersen

Beatrix Richter

Grit Böttcher

42 Wer spielte den Josef Urban in der Fernsehserie *Pan Tau?*

Otto Šimánek

Vladimír Menšík

Ota Hofman

Jindřich Polák

43 Wer gehörte nicht zu der Musikgruppe Gebrüder Blattschuss?

Jürgen von der Lippe

Hans Werner Olm

Beppo Pohlmann

Herbert Feuerstein

44 Wie hieß die kleine rote Ameise, auf die die Blaue Elise in 17 Folgen der Zeichentrickserie *Der rosarote Panther* ebenso hartnäckig wie erfolglos Jagd machte?

Freddie

Charlie

Jackie

Harry

41 Die Sketch-Show *Ein verrücktes Paar* wurde von 1977 bis 1980 im ZDF gezeigt. Die beiden Moderatoren, die in einem Boulevardtheater vor echtem Publikum auftraten und häufig, um ihre diversen Rollen glaubhaft darzustellen, sich aufwendiger Masken und Verkleidungen bedienten, waren Harald Juhnke und die Berliner Schauspielerin Grit Böttcher, die dem breiten Publikum durch diese Show überhaupt erst bekannt wurde. Wolfgang Spier war der Regisseur der Sendung, die einige grandiose Sketche bot und seinerzeit außer-ordentlich beliebt war.

42 Vladimír Menšík kennt eigentlich jeder, der mehr als einen tschechischen Kinderfilm gesehen hat, denn es hat zumindest den Anschein, als hätte er in fast allen mitgespielt. Tatsächlich trat er in mehr als 150 Filmen auf, darunter auch *Die Märchenbraut, Drei Haselnüsse für Aschenputtel* und natürlich *Pan Tau.* In der Serie um den netten Mann mit der Melone spielte er wie so oft den hysterischen Familienvater, hier genannt Josef Urban. Pan Tau wurde von Otto Šimánek gespielt. Ota Hofman und Jindřich Polák waren die Drehbuchautoren der Serie.

43 Die Gebrüder Blattschuss wurden im Jahr 1976 u. a. von Beppo Pohlmann, Jürgen von der Lippe und Hans Werner Olm gegründet. Sie spielten zunächst nur Blödellieder ein, bei denen sie einen deutschen Text zu einer bekannten Melodie sangen. Mit *Kreuzberger Nächte*, einer Eigenkomposition von Beppo Pohlmann, kam dann der Durchbruch. Das Lied schaffte es bis auf den zweiten Platz der Hitparade. Hans Werner Olm machte nach seinem Ausscheiden aus der Gruppe als Kabarettist Karriere, während von der Lippe beim Fernsehen große Erfolge feierte.

44 Charlie hieß das gewitzte Insekt, dem Elises Saugrüssel nie etwas anhaben konnte. Die geplagte Ameisenbärin war in der Originalfassung – *The Ant and the Aardvark* – übrigens ein männliches Erdferkel. Aber gerade der weiblichen Synchronstimme und den lakonischen Kommentaren von Marianne Wischmann – die übrigens auch Miss Piggy, der berühmten Schweine-Diva aus der *Muppet Show,* ihre Stimme lieh – verdankt die Serie ihren großen Erfolg in Deutschland.

Unterhaltung

45 **Wie hieß der Sprecher, dessen unverwechselbare Stimme nahezu jedem Kind der 1970er-Jahre aus Hörspielreihen wie *Hui Buh* oder *Die Hexe Schrumpeldei* sowie von zahllosen Märchenaufnahmen her bekannt ist?**
Gernot Endemann
Lutz Mackensy
Hans Paetsch
Klaus Jepsen

46 **Wer übernahm die Sendung *Musik ist Trumpf*, nachdem Peter Frankenfeld die Moderation wegen einer schweren Erkrankung 1978 abgeben musste?**
Wim Thoelke
Ilja Richter
Harald Juhnke
Hans-Joachim Kulenkampff

47 **Wie heißt der Bergsteiger, der 1978 zusammen mit Reinhold Messner als Erster den Mount Everest ohne Sauerstoffgerät bestieg?**
Peter Habeler
Günther Messner
Hans Kammerlander
Thomas Huber

48 **In welcher Krimiserie führte Kommissar Erwin Köster die Ermittlungen?**
Der Alte
Der Kommissar
Stahlnetz
Tatort München

45 Zwar waren genau genommen die Stimmen aller vier Männer in deutschen Kinderzimmern der 70er-Jahre zu hören, am bekanntesten, verbreitetsten und beliebtesten dürfte jedoch der freundlich-warme Bariton von Hans Paetsch gewesen sein. Der 1909 im Elsass geborene Schauspieler, Regisseur und Synchronsprecher wurde in den 60er-Jahren zu der Stimme von Tonstudio Europa. Ob *Hanni und Nanni, Max und Moritz* oder *Märchen der Brüder Grimm* – Hans Paetsch verlieh allen Produktionen einen ganz eigenen Charakter. Seine letzte CD erschien 2002, in seinem Todesjahr. Sie trägt den passenden Titel *Der Märchenprinz.*

46 Die ersten zwei Sendungen nach Frankenfelds Erkrankung wurden von mehreren Moderatoren gemeinsam präsentiert, Wim Thoelke war einer von ihnen. Nach Frankenfelds plötzlichem Tod am 4. Januar 1979 übernahm Harald Juhnke die Show. Juhnke war zwar ein brillanter Nachfolger, doch seine massiven Alkoholprobleme schadeten der Sendung schwer. Höhepunkt der Ausfallerscheinungen war Juhnkes Live-Zusammenbruch in der Sendung vom 17. Oktober 1981. Danach wurde *Musik ist Trumpf* eingestellt.

47 1969 bildeten der Südtiroler Reinhold Messner und der Österreicher Peter Habeler erstmals eine Seilschaft. Beide waren erfolgreiche Extrembergsteiger, die ihre gemeinsamen Expeditionen 1978 krönten, als sie als erste Menschen den mit 8846 Meter höchsten Berg der Erde ohne künstliche Sauerstoffzufuhr bestiegen. In seinem Buch *Der einsame Sieg* hat Habeler dieses Unternehmen packend beschrieben. Messner hat den Mount Everest 1980 sogar als Erster allein erklommen, und in der Folgezeit bezwang er als erster Bergsteiger sämtliche 14 Achttausender.

48 Am 11. April 1977 startete das ZDF die Krimiserie *Der Alte.* Die Titelfigur war der Leiter der Münchener Mordkommission, Erwin Köster, der von Siegfried Lowitz gespielt wurde. In der 100. Folge, die am 12. Januar 1986 ausgestrahlt wurde, starb Köster durch einen Bauchschuss. Kösters direkter Nachfolger war Leo Kress, der bis 2006 von Rolf Schimpf gespielt wurde. Hauptkommissar Rolf Herzog, der ab 2007 von Walter Kreye dargestellt wird, ist die dritte Hauptfigur der Serie.

Unterhaltung

49 Welchem Tier widmete Karel Gott ein Lied?
Pferd
Biene
Spatz
Wurm

50 Welcher bis heute gebräuchliche Ausdruck geht auf den deutschen Synchrontext der Fernsehserie *Die Zwei* zurück?
Tschüssikowski
unkaputtbar
suboptimal
echt ätzend

51 Wer investierte einen ganzen Monatslohn, um 1976 bei dem legendären Paul Bocuse essen zu gehen?
Eckart Witzigmann
Heinz Winkler
Dieter Müller
Johann Lafer

52 Welcher Schauspieler wurde dadurch bekannt, dass er zum Beweis seiner Kraft eine rohe Kartoffel in der bloßen Hand zerquetschte?
Raimund Harmstorf
Bud Spencer
Sylvester Stallone
Arnold Schwarzenegger

49 Die ersten Folgen der beliebten Zeichentrickserie *Biene Maja*, die vom September 1976 an jeweils donnerstags ein Jahr lang im ZDF gezeigt wurden, machten den gleichnamigen Titelsong sehr schnell deutschlandweit bekannt. Gesungen hat das von Karel Svoboda komponierte Lied die »goldene Stimme von Prag«, Karel Gott, der bereits damals ein erfolgreicher Schlagersänger war. *Biene Maja* zählt neben *Weißt Du wohin* und *Einmal um die ganze Welt* zu seinen erfolgreichsten Titeln.

50 Deutsche Fans der Serie mit Tony Curtis und Roger Moore pflegten sich mit dem Zuruf »Tschüssikowski!« zu verabschieden. Die Synchrontexte von Rainer Brandt, die den deutlich ernsteren Tönen des Originals Selbstironie, schwarzen Humor und zahlreiche Blödeleien beimischten, trugen hierzulande wesentlich zum Erfolg der Reihe bei. Nachdem die Serie mit dem Originaltitel *The Persuaders!* im Mutterland Großbritannien 1971 nach nur 24 Folgen eingestellt worden war, ermittelte Roger Moore auf eigene Faust weiter: Mit *Leben und sterben lassen* begann er 1973 seine James-Bond-Karriere.

51 Dieter Müller, der damals in den berühmten Schweizer Stuben in Wertheim-Bettingen seine Abschlussprüfung als Küchenmeister machte, investierte einen ganzen Monatslohn, um im Restaurant des legendären Paul Bocuse in Lyon essen zu gehen. Müller sagt, er habe den Geschmack der viel gerühmten Trüffelsuppe noch heute auf der Zunge. Bocuse wurde von 1965 bis heute in Folge mit drei Michelin-Sternen ausgezeichnet, Dieter Müller erhielt die begehrten drei Sterne erstmals 1997. Die Sterneköche Eckart Witzigmann und Heinz Winkler haben u. a. auch bei Paul Bocuse gelernt.

52 Raimund Harmstorf spielte in dem ZDF-Adventsvierteiler *Der Seewolf* in der Rolle des brutalen Kapitäns Wolf Larsen die titelgebende Hauptrolle. Durch den Film wurde der enorm muskulöse Harmstorf schlagartig berühmt, und die Kartoffelszene ließ ihn zum Inbegriff des kraftstrotzenden Helden werden, obschon die vermeintlich rohe Kartoffel, die er im Film so eindrucksvoll zerquetscht, in Wahrheit natürlich gekocht war. Als Michael Strogoff brillierte Harmstorf in der gleichnamigen Serie von 1976 noch einmal in einem der legendären ZDF-Adventsvierteiler.

Kunst &
Kultur

Kultur in den 70ern

… in denen alles als Kunst durchgehen konnte, wenn man das, was sich nicht aus sich selbst erklären konnte, erklärt bekam. Jeder konnte ein Künstler sein! Alles Gegenstandslose, alles Sinnleere wollte mit Bedeutung aufgeladen werden. Provokation war das Zauberwort, auch auf den Theaterbühnen. Das alles auf die Spitze getrieben war Punk: ästhetischer und musikalischer Kontrapunkt zum operettenhaften Bombastrock dieser Jahre. Die Musik kam von Platten, in deren Rillen man Staub knistern hören konnte. Und der Film? »Papas Kino war tot.« – Der neue deutsche Film war anders, keine spießigen, kitschigen Klamotten; Leichtigkeit und Humor zeichneten ihn nicht aus. Wie auch? Es mussten viele Geschichten erzählt werden, die noch nicht erzählt waren.

1 **Wie soll Jean-Paul Sartre Andreas Baader tituliert haben, nachdem er ihn 1974 im Gefängnis besucht hatte?**
Idiot der Familie
wahrer Revolutionär
Arschloch
Wirrkopf

2 **Welche Sängerin landete 1974 in der DDR einen Kult-Hit mit dem Titel *Du hast den Farbfilm vergessen?***
Eva-Maria Hagen
Ulla Meinecke
Nina Hagen
Katharina Thalbach

3 **Auf welches Arbeitsgerät schwört Clint Eastwood alias Polizeiinspektor Harry Callahan?**
38er Smith & Wesson
45er Magnum
357er SIG
44er Special

4 **An welchem Schauspielhaus war Peter Zadek von 1972 bis 1977 Intendant und Chefregisseur?**
Schauspielhaus Bochum
Wiener Burgtheater
Berliner Ensemble
Deutsches Schauspielhaus Hamburg

1 Auf Drängen der RAF-Terroristen, die seine Unterstützung erbaten, besuchte der bekannte französische Philosoph den im Hochsicherheitstrakt des Gefängnisses in Stuttgart-Stammheim einsitzenden Kopf der Baader-Meinhof-Bande. Sartre hielt den mehrfachen Mörder für einen politischen Gefangenen. Nach dem Treffen, das er im Nachhinein bedauerte, zog er laut Daniel Cohn-Bendit, der den Philosophen als Dolmetscher begleitete, das Fazit: »Ein Arschloch, dieser Baader!« Dennoch gab er sich offiziell solidarisch und kritisierte die Isolationshaft der Terroristen.

2 Nina Hagen, Tochter der Schauspielerin Eva-Maria Hagen und Ziehtochter des Liedermachers Wolf Biermann – ihr biologischer Vater ist der 1992 verstorbene Drehbuchautor Hans Hagen –, war in den Jahren 1974 und 1975 Sängerin der Band Automobil, deren Keyboarder Michael Heubach das berühmte Lied vom vergessenen Farbfilm komponierte. Der Schlager wurde nach seiner Veröffentlichung sofort zum Hit und avancierte bald zur Sommerfrischen-Hymne der DDR.

3 Nach seinen Erfolgen in Italo-Western wie *Für eine Handvoll Dollar* wurde Clint Eastwood mit *Dirty Harry* 1971 in Hollywood endgültig zum Superstar. Im weiteren Verlauf der 70er-Jahre wurden noch zwei weitere *Dirty-Harry*-Filme gedreht, ebenso wie in den 80ern. Der von Eastwood gemimte Inspektor Harry Callahan ist ein harter, zynischer Kerl, der mit nicht immer ganz sauberen Methoden den Guten zum Sieg über die Bösen verhelfen möchte. Sein legendäres Hilfsmittel im Kampf gegen Anti-Pazifisten ist eine 45er Magnum, ein großkalibriger Revolver, eine regelrechte Kanone.

4 Der 1926 in Berlin geborene jüdische Regisseur Peter Zadek setzte erstmals 1958 wieder einen Fuß auf deutschen Boden, nachdem er 1933 mit seiner Familie nach England emigriert war. Seine ersten Erfolge feierte er in den 60er-Jahren am Bremer Theater. Von 1972 bis 1977 leitete Zadek schließlich das Schauspielhaus Bochum, wo Claus Peymann sein Nachfolger wurde. Intendant am Deutschen Theater in Hamburg war Zadek von 1985 bis 1989, als freier Regisseur arbeitete er daneben auch am Wiener Burgtheater und am Berliner Ensemble.

Kunst & Kultur

5 **Wie hieß der zweite Sänger der englischen Hard-Rock-Band Deep Purple,**
der die Gruppe 1973 wieder verließ?
David Coverdale
Ian Gillan
Rod Evans
Ozzy Osbourne

6 **Wer schrieb *Die neuen Leiden des jungen W.?***
Ulrich Plenzdorf
Volker Braun
Jurek Becker
Stefan Heym

7 **Wodurch wurde Josef Maas alias Bauer Maas deutschlandweit bekannt?**
erster beglaubigter Öko-Bauer
militanter Tierschützer
prominenter Atomkraftgegner
Leiter des Prickingshofs

8 **Wie hieß der TV-Film von 1976, dessen Fortsetzung 1980 unter dem Titel**
***Theo gegen den Rest der Welt* in die Kinos kam?**
Aufforderung zum Tanz
Jede Menge Kohle
Die Abfahrer
Der Mann auf der Mauer

5 Ein Jahr nach der Gründung von Deep Purple 1968 stieg der Sänger Rod Evans bereits wieder aus und wurde durch Ian Gillan ersetzt. Während der vier Jahre, die Gillan zur Band gehörte, entstanden die richtungsweisenden Alben *Deep Purple in Rock, Fireball* und *Machine Head* sowie das sagenhafte Live-Album *Made in Japan.* David Coverdale, der seit 1992 wieder für Deep Purple singt, ersetzte Gillan zunächst von 1984 bis 1989. 1983 hatte Gillan für Black Sabbath gesungen, die Gruppe, die Ozzy Osbourne mitbegründete.

6 Das Bühnenstück *Die neuen Leiden des jungen W.* des 1934 geborenen Autors Ulrich Plenzdorf wurde am 18. Mai 1972 im Landestheater Halle uraufgeführt, im Jahr darauf erschien der Stoff auch als Erzählung unter dem gleichen Titel. In ironischer Anspielung auf Goethes Sturm-und-Drang-Werk thematisiert Plenzdorf den Konflikt eines DDR-Jugendlichen mit seiner spießigen Umwelt, aus der er auszubrechen versucht. Als Dramaturg bei der DEFA schrieb Plenzdorf auch die Drehbücher zu dem bekannten Film *Die Legende von Paul und Paula* sowie zur vierten Staffel der Serie *Liebling Kreuzberg.*

7 Der Landwirt Josef Maas führte einen Hof in Kalkar-Hönnepel, direkt neben dem Bauplatz des Schnellen Brüters. Ab 1972 klagte er gegen den Bau des Reaktors, wodurch er sich immer höher verschuldete. Jedem Interessierten als Bauer Maas bekannt, wurde er zu einer Galionsfigur der Anti-Atomkraft-Bewegung. Zur Finanzierung seines Widerstands brachte er 1977 u. a. eine LP unter dem Titel *Bauer Maas – Lieder gegen Atomenergie* heraus, auf der verschiedene Protestbarden vertreten sind. Zermürbt und finanziell am Ende verkaufte Maas seinen Hof 1985 dennoch für 4,3 Millionen Mark an den Kraftwerksbetreiber.

8 In der Rolle des Fernfahrers Theo Gromberg im Film *Aufforderung zum Tanz* gelang Marius Müller-Westernhagen 1976 der Durchbruch als Schauspieler. Wie auch vier Jahre später in *Theo gegen den Rest der Welt* spielt Guido Gagliardi – vielen auch bekannt als Restaurantbesitzer aus der *Lindenstraße* – Theos italienischen Truckerkumpel Enno Goldini. Die Handlung des ersten Theo-Films kreist vornehmlich um Theos Spielleidenschaft und Geldsorgen: Zunächst setzt er beim Pferderennen auf den falschen Gaul, und dann verzockt er auch noch Ennos und seine gesammelten Ersparnisse an einen zwielichtigen Türken.

Kunst & Kultur

9 **Wer sang 1972 im Duett mit einer Zehnjährigen den Schlager *Schön ist es, auf der Welt zu sein?***

Peter Alexander

Roy Black

Freddy Quinn

Karel Gott

10 **Wer führte Regie in *Die Blechtrommel,* dem ersten deutschen Film, der einen Oscar erhielt?**

Hans Wilhelm Geißendörfer

Volker Schlöndorff

Wolfgang Petersen

Werner Herzog

11 **Wie heißt die junge Frau, deren Erlebnisse in dem autobiographischen Bericht *Wir Kinder vom Bahnhof Zoo* von 1978 geschildert werden?**

Christiane Vulpius

Christiane Eff

Christina F.

Christiane Felscherinow

12 **Im Jahr 1974 starb der Schriftsteller Erich Kästner. In welcher Stadt wohnte er zuletzt?**

München

Dresden

Berlin

Hamburg

9 Roy Black war der Schlagerbarde, für den das Duett mit Anita Hegerland – rückblickend gesehen – zum letzten großen Hit seiner Karriere wurde. Kommerziell ging es für ihn von da an kontinuierlich bergab, auch weil der erfolgsverwöhnte Star, der mit bürgerlichem Namen Gerhard Höllerich hieß, bei der Verwaltung seines zunächst noch sehr stattlichen Vermögens nicht besonders umsichtig vorging. Die Norwegerin Anita Hegerland machte in den 80er-Jahren noch einmal als Lebensgefährtin und Gesangspartnerin von Mike Oldfield von sich reden.

10 Volker Schlöndorff führte nicht nur Regie bei der Verfilmung des ersten Romans von Günter Grass aus dem Jahr 1959, er schrieb auch das Drehbuch zusammen mit Jean-Claude Carrière, Franz Seitz und Günter Grass, der bei den Dreharbeiten häufig zugegen war. Im Gegensatz zur literarischen Vorlage wurden nur die ersten beiden der insgesamt drei Bücher verfilmt. Der Film erschien 1979 und wurde im Jahr darauf mit dem Oscar für den besten fremdsprachigen Film ausgezeichnet.

11 In Gesprächen mit der damals 16-jährigen Christiane Felscherinow sammelten zwei Stern-Reporter Informationen über das Leben der jungen Frau in der Berliner Drogen- und Kinderstrichszene. Die Erlebnisse der bereits mit 14 Jahren heroinabhängigen Jugendlichen, die unter dem abgekürzten Namen Christiane F. veröffentlicht wurden, machten die breite Öffentlichkeit erstmals auf die Themen Drogenmissbrauch und soziale Brennpunkte aufmerksam. Christiane Vulpius, seit 1806 Christiane von Goethe, war weder Drogenabhängige noch Prostituierte, dennoch wurde sie als nichtstandesgemäße Partie des Dichterfürsten von der Weimarer Hofgesellschaft geschnitten.

12 Der 1899 in Dresden geborene Schriftsteller lebte und arbeitete von 1927 bis 1945 in Berlin. Während dieser Zeit wurde er mit Werken wie *Herz auf Taille* und *Fabian* zu einem der bekanntesten Lyriker und Satiriker der Weimarer Republik. Gleichzeitig machte er sich mit Büchern wie *Emil und die Detektive* sowie *Pünktchen und Anton* einen Namen als Kinderbuchautor. Nach dem Zweiten Weltkrieg zog Kästner nach München, wo er bis zu seinem Tod 1974 lebte.

13 **Wie heißt Han Solos Kopilot aus *Der Krieg der Sterne*?**
Obi-Wan Kenobi
Luke Skywalker
Chewbacca
C-3PO

14 **Wie hieß die bei der Friedens- und Anti-Atomkraft-Bewegung populäre niederländische Band, deren Liedtexte teils niederländisch-deutsch gemischt waren?**
bots
Luv
Bröselmaschine
Liederjan

15 **Wie heißt die autobiographische Erzählung von Max Frisch, in der sich der Autor mit dem Alter auseinandersetzt und darüber hinaus Auskunft über frührere Liebesbeziehungen gibt?**
Der Mensch erscheint im Holozän
Homo Faber
Biographie: Ein Spiel
Montauk

16 **Welchen Künstler ehrte man auf vielfache Weise im Jahr 1977?**
Peter Paul Rubens
Johann Wolfgang von Goethe
Vincent van Gogh
Karl Friedrich Schinkel

13 Als *Der Krieg der Sterne* am 2. Februar 1978 in die deutschen Kinos kam, setzte auch hierzulande eine regelrechte *Star-Wars*-Euphorie ein. Das märchenhafte Weltraumabenteuer von Regisseur, Drehbuchautor und Koproduzent George Lucas wurde mit sieben Oscars ausgezeichnet. Han Solo, gespielt von Harrison Ford, ist der Abenteurer, der seinen Freund und Kopiloten, den zotteligen Wookie Chewbacca, einst aus den Klauen von Sklavenhändlern rettete. Der erste Teil der zunächst als Trilogie angelegten Serie, firmiert heute als Episode IV des kompletten Opus, das inzwischen aus sechs Teilen besteht.

14 Die 1974 gegründete niederländische Band bots wurde durch einen Auftritt beim Rock-gegen-Rechts-Festival 1979 in Frankfurt am Main auch in Deutschland schlagartig bekannt. Beim Übersetzen der Texte ins Deutsche halfen u. a. Wolf Biermann, Dieter Hildebrandt, Hanns Dieter Hüsch, Hannes Wader und Günter Wallraff. Auch heute noch sind bots' Trink- und Protesthymnen wie *Aufstehn!* und *Sieben Tage lang* bekannt.

15 Ein kurze Affäre von Max Frisch im Jahr 1974 mit einer jungen Amerikanerin in Montauk auf der vor New York gelegenen Insel Long Island bietet die Folie für einen sehr experimentellen Text, in dem die Grenzen zwischen Fiktion und Wirklichkeit aufgehoben werden und der gewissermaßen eine neue Form der Autobiografie darstellt. Frischs Selbstaussagen zu Leben und Werk sind sehr aufschlussreich; v. a. die Ausführungen zu seiner Beziehung mit Ingeborg Bachmann zwischen 1958 und 1963 stießen auf großes Interesse.

16 Nachdem seine reformierten Eltern 1568 im Zuge der Religionsunruhen nach Deutschland geflohen waren, erblickte der flämische Maler Peter Paul Rubens am 28. Juni 1577 in Siegen das Licht der Welt. 1587 kehrte die Familie nach Antwerpen zurück, wo Rubens bei verschiedenen Malern in die Lehre ging, bevor er zu einem der bedeutendsten Künstler des Barock wurde. In seiner Werkstatt entstanden über 3000 Ölgemälde, von denen er etwa 600 selbst gemalt hat. Aus Anlass des Rubensjahres wurden 1977 in der Bundesrepublik wie in anderen Ländern zahlreiche Ausstellungen zum Schaffen des Künstlers gezeigt, die herausragendste war die große Rubensausstellung in Antwerpen.

Kunst & Kultur

17 **Wer managte die Protestrockband Tone Steine Scherben, die mit Anarcho-Hits erfolgreich war, die so sloganreife Titel besaßen wie *Keine Macht für niemand* und *Macht kaputt, was euch kaputt macht?***

Gregor Gysi

Hans-Christian Ströbele

Claudia Roth

Oskar Lafontaine

18 **Welchem deutschen Kaisergeschlecht wurde 1977 eine große Ausstellung gewidmet?**

Ottonen

Salier

Karolinger

Staufer

19 **Welchen der folgenden Hits schrieb Jack White?**

Fußball ist unser Leben

Olé, wir fahrn in'n Puff nach Barcelona

Ja, mir san mi'm Radl do

Blue Bajou

20 **Wie heißt die Schildkröte aus Michael Endes Bestseller *Momo?***

Klytämnestra

Kassandra

Kalliope

Kassiopeia

17 Die heutige Bundesvorsitzende der Grünen, Claudia Roth, lernte die Bandmitglieder von Ton Steine Scherben in Dortmund kennen, wo sie Anfang der 1980er-Jahre als Dramaturgin arbeitete. Sie fungierte von 1982 bis 1985 als deren Managerin. Roth kümmerte sich nicht allein um die Organisation von Konzerten, sondern lebte seinerzeit auch in der Ton-Steine-Scherben-Kommune im nordfriesischen Fresenhagen.

18 Das Bundesland Baden-Württemberg initiierte anlässlich seines 25-jährigen Bestehens mit der großen Ausstellung *Die Zeit der Staufer* eine in ihrem Umfang und ihrer Anziehungskraft bis dahin nicht gekannte Geschichts- und Kunstausstellung. Die Vorbereitung der über tausend Exponate zeigenden Schau nahm über drei Jahre in Anspruch. Gezeigt wurden die Dokumente und Kunstwerke aus der Zeit des frühen 11. bis späten 13. Jahrhunderts im Alten Schloss in Stuttgart, welches das Württembergische Landesmuseum beherbergt.

19 Jack White schrieb und komponierte mit *Fußball ist unser Leben* den offiziellen WM-Song der bundesdeutschen Nationalmannschaft zur Fußballweltmeisterschaft 1974. Er wurde von der deutschen Nationalmannschaft gesungen und ist im Gegensatz zu nachfolgenden WM-Liedern wie *Buenos días, Argentina* und *Olé Espana* ein unverwüstlicher Gassenhauer geworden: »König Fußball regiert die Welt« trifft den Nagel alle vier Jahre auf den Kopf. Jack White, der eigentlich Horst Nußbaum heißt, schrieb überdies so erfolgreiche Songs wie *Eine neue Liebe ist wie ein neues Leben*, *Und dabei Liebe ich euch beide* oder *Schöne Maid*.

20 Die Schildkröte, die Momo vom weisen Meister Hora, dem geheimnisvollen Verwalter der Zeit, erhält und die sich mittels Schriftzügen auf ihrem Rückenpanzer verständigt, heißt Kassiopeia. Das 1973 veröffentlichte gesellschaftskritische Märchen wurde nach den *Jim-Knopf*-Büchern (1960 und 1962) zum zweiten großen Erfolg für Michael Ende, der später nur noch von der *Unendlichen Geschichte* (1979) übertroffen werden sollte.

Kunst & Kultur

21 Welcher Autor verarbeitete in seiner 1974 erschienenen Erzählung *Die verlorene Ehre der Katharina Blum* Erfahrungen mit Hetzkampagnen der Bild-Zeitung?

Günter Grass

Günter Wallraff

Heinrich Böll

Hans Magnus Enzensberger

22 Wer spielte den Eddie in *The Rocky Horror Picture Show?*

Tim Curry

Richard O'Brien

Iggy Pop

Meat Loaf

23 Wer veröffentlichte Schallplatten mit Titeln wie *Wyhl 75, leben, kämpfen, solidarisieren* oder *Flugblattlieder?*

Hans Söllner

Dieter Süverkrüp

Walter Mossmann

Franz Josef Degenhardt

24 Wer entwarf die inzwischen weltweit bekannten und um zahlreiche Varianten erweiterten Piktogramme, die für das Leitsystem der Olympischen Spiele 1972 entwickelt wurden?

Max Bill

Otl Aicher

Klaus Voormann

Willy Fleckhaus

21 Heinrich Böll verarbeitete in seiner Erzählung *Die verlorene Ehre der Katharina Blum*, in der eine unbescholtene junge Frau durch die Hetzkampagne einer Boulevard-Zeitung zum Mord an einem skrupellosen Journalisten getrieben wird, auch eigene Erfahrungen mit der Presse. Nach seinem Plädoyer für eine sachliche und humane Debatte über den Umgang mit den RAF-Terroristen wurde er als Sympathisant derselben diffamiert.

22 1975 kam die inzwischen zum Kultfilm avancierte *The Rocky Horror Picture Show* in die Kinos. Es handelte sich um eine Kinofassung des gleichnamigen Musicals von Richard O'Brien, der im Film den buckligen, verschlagenen Riff Raff verkörpert. Tim Curry wurde in der Rolle des Transvestiten Dr. Frank N. Furter berühmt, und Eddie, den Rocker mit dem weichen Herz, spielte – wie schon auf der Musicalbühne in Los Angeles – Meat Loaf. Der Auftritt mit seinem schweren Motorrad, mit dem er Wände einreißt, ist unvergesslich. Eddie gibt noch die Rock'n'Roll-Nummer *Hot Patootie – Bless my Soul* zum Besten, bevor er kurz darauf von Frank N. Furter mit einer Axt erschlagen wird.

23 Die genannten LPs spielte Walter Mossmann in den Jahren 1975/76 ein. Der in Freiburg lebende Mossmann engagierte sich in der Studentenbewegung und trat auch mit selbst geschriebenen Chansons auf. Ab 1970 ließ er die Musik ruhen und setzte sich zunächst nur noch journalistisch mit der gesellschaftlichen Realität auseinander. Den Widerstand französischer Bürger gegen den Bau eines militärischen Testgeländes und den Protest gegen das geplante Atomkraftwerk Wyhl am Kaiserstuhl unterstützte er anfangs daher nur durch eine kritische Berichterstattung, bevor er wieder als Liedermacher und Aktivist auftrat.

24 Die Piktogramme mit den auf das Wesentliche stilisierten Figuren, die bestimmte Sportarten treiben oder auf Hinweisschildern anderen Aktivitäten nachgehen, entwickelte Otl Aicher. Der Grafiker und Designer gründete 1953 gemeinsam mit Max Bill und seiner Frau Inge – eine Schwester der Geschwister Hans und Sophie Scholl – die berühmte Ulmer Hochschule für Gestaltung, der er später auch als Rektor vorstand. Von 1968 bis 1972 war Aicher Gestaltungsbeauftragter der Olympischen Spiele in München. Er starb 1991 an den Folgen eines Verkehrsunfalls.

Kunst & Kultur

25 Wo schlich sich der investigativ arbeitende Journalist Günter Wallraff unter dem Namen Hans Esser ein?

Thyssen
Bild-Zeitung
Stasi
McDonald's

26 Welche beliebte Musiksendung moderierte Ilja Richter von 1971 bis 1982?

4-3-2-1 Hot & Sweet
Beat-Club
Hitparade
Disco

27 Wer wurde nach wiederholten Protestaktionen als Professor der Kunstakademie Düsseldorf vom Wissenschaftsminister des Landes Nordrhein-Westfalen entlassen?

Gerhard Richter
Günther Uecker
Joseph Beuys
Markus Lüpertz

28 In welchem Film beeindruckte Marlon Brando so sehr, dass er für seine schauspielerische Leistung 1973 einen Oscar erhalten sollte?

Roots
Apocalypse Now
Der Pate
Der letzte Tango in Paris

25 Der für seine investigativen Reportagen aus der Arbeitswelt bekannte Kölner Journalist Günter Wallraff arbeitete 1977 unter dem Namen Hans Esser vier Monate lang unerkannt bei der Bild-Zeitung in Hannover. Wallraff schilderte die erlebte Fälschung und Erfindung von Ereignissen sowie die gewissenlosen Praktiken der Sensationspresse in dem noch im selben Jahr erschienenen Buch *Der Aufmacher – Der Mann, der bei Bild Hans Esser war*. Auf die Auflage hatte der Presseskandal so gut wie keine Auswirkungen.

26 Als Nachfolgesendung von *4-3-2-1 Hot & Sweet* moderierte Ilja Richter ab 1971 elf Jahre lang die ZDF-Musiksendung *Disco*. Die Show präsentierte Bands und Sänger verschiedenster Musikrichtungen sowie Sketche des Moderators mit prominenten Gästen. Legendär wurde das Ritual, mit dessen Hilfe Richter den Gewinner des Hauptpreises – nämlich eines Besuchs im Studio – präsentierte: Seine Anweisung »Licht aus! – Womm! – Spot an! – Jaa!« ist bis heute unvergessen.

27 Von 1961 bis 1972 war Joseph Beuys Professor an der renommierten Kunstakademie Düsseldorf. Zur fristlosen Entlassung durch den damaligen NRW-Wissenschaftsminister Johannes Rau kam es infolge einer wiederholten Besetzung des Akademie-Sekretariats durch Beuys und einige Studenten, die im Mappenverfahren abgewiesen worden waren. Beuys, der das Mappenverfahren ebenso wie den Numerus clausus für ein ungeeignetes Auswahlverfahren für die begrenzten Studienplätze hielt, wollte alle abgewiesenen Studenten in seine Klasse aufnehmen. Gegen seine Entlassung hat er letztlich erfolgreich geklagt.

28 Brando sollte den Preis am 27. März 1973 für seine grandiose Darstellung des Vito Corleone in dem Mafia-Epos *Der Pate* erhalten, allerdings verweigerte er die Annahme aus Protest gegen die Behandlung und Situation der Indianer in den USA. Statt seiner betrat in der Oscar-Nacht die angeblich vom Stamm der Apachen stammende Sacheen Littlefeather die Bühne und verlas eine fünfseitige Solidaritätserklärung. Der Skandal war perfekt, und die Empörung wurde sogar noch größer, als bekannt wurde, dass die angeblich diskriminierte Indianerin von der kalifornischen Schauspielerin Maria Cruz gemimt worden war.

Kunst & Kultur

29 Wessen Veröffentlichung war 1978 der Auslöser für eine Diskussion um die NS-Vergangenheit des baden-württembergischen Ministerpräsidenten Hans Filbinger?

Rolf Hochhuth
Günter Wallraff
Hans Magnus Enzensberger
Heinrich Böll

30 Welche DDR-Band machte Peter Maffay in der Bundesrepublik bekannt, indem er eines ihrer Stücke coverte?

Puhdys
Karat
City
Karussell

31 Welcher berühmte Künstler starb am 8. April 1973?

Max Ernst
Lyonel Feininger
Pablo Picasso
Salvador Dalí

32 Welches Kinderlied machte den Liedermacher Dieter Süverkrüp populär?

Baggerführer Willibald
Heute wird gestreikt
Die Vogelhochzeit
Die Seeräuber-Jenny

29 Ein von der Zeit herausgebrachter Vorabdruck von Rolf Hochhuts Erzählung *Eine Liebe in Deutschland*, in der auch Hans Filbingers Mitwirkung an Todesurteilen in seiner Funktion als Marinerichter im Dritten Reich aufgedeckt wurde, entfachte eine Debatte über den baden-württembergischen Landesvater. Hochhut prägte in diesem Zusammenhang den Begriff vom »furchtbaren Juristen«. Nach immer größer werdendem Druck, nicht zuletzt auch aus den Reihen seiner CDU-Parteigenossen, trat Filbinger am 7. August 1978 von seinem Amt zurück. Der spätere Ministerpräsident Günther Oettinger sorgte 2007 mit seiner dummdreisten Trauerrede für Filbinger, in der er ihn zum NS-Gegner verklärte, für einen erneuten Skandal.

30 Karat hatten in der DDR 1978 bereits große Erfolge mit ihrem Song *Über sieben Brücken musst du gehn gefeiert,* bevor sie ihn 1979 auf Platte aufnahmen. Beim Internationalen Schlagerfestival der DDR in Dresden wurden sie dafür mit dem Grand Prix ausgezeichnet. Peter Maffay war von dem Song so begeistert, dass er ihn selbst aufnahm und Karat auf diese Weise auch im Westen zu großer Popularität verhalf. Karat durfte schon seit den späten 1970er-Jahren durch die BRD touren, 1982 erhielten sie sogar als erste DDR-Band eine Goldene Schallplatte von der westdeutschen Plattenindustrie.

31 Der spanische Maler, Grafiker und Bildhauer Pablo Picasso starb am 8. April 1973 in der Nähe der südfranzösischen Stadt Cannes. Der 91-Jährige hatte maßgeblich zur Entwicklung des Kubismus beigetragen und ist unbestritten einer der herausragendsten Künstler des 20. Jahrhunderts. Sein gewaltiges Lebenswerk umfasst über 15 000 Gemälde, Grafiken, Zeichnungen, Keramiken und Plastiken. Max Ernst starb erst 1976, Lyonel Feininger bereits 1956 und Salvador Dalí 1989.

32 Das Lied über den Baggerfahrer Willibald, der nachzudenken beginnt und feststellt, dass es ungerecht zugeht in der Welt, weil seinem Chef alles gehört und ihm nichts, wurde zur naiven politischen Unterweisung der Kleinen in linken Kreisen gerne gesungen. Das langjährige DKP-Mitglied Süverkrüp war der DDR und der UdSSR linientreu und kritiklos verbunden. Er ging hart mit der nichtkommunistischen Linken ins Gericht und unterband nach Möglichkeit Kritik an der Praxis des real existierenden Sozialismus.

Kunst & Kultur

33 Welches war der erste Hit des charismatischen Westfalen Gunter Gabriel?

Hey Boss, ich brauch mehr Geld

Papa trinkt Bier

Er ist ein Kerl (Er fährt 'nen 30-Tonner Diesel)

Komm unter meine Decke

34 Wo fand die Uraufführung von Heiner Müllers Drama *Germania Tod in Berlin* statt?

Ost-Berlin

West-Berlin

Bitterfeld

München

35 Wie hieß der Film, zu dem namhafte Regisseure wie Rainer Werner Fassbinder, Alexander Kluge, Volker Schlöndorff und Edgar Reitz beitrugen?

Deutscher Herbst

Deutschland im Herbst

Deutschland, Herbstland

Deutschland 77

36 Die Hörspielreihe *Papa, Charly hat gesagt...* war mit zirka 600 Folgen zwischen 1972 und 1995 eine der erfolgreichsten Hörfunkproduktionen des NDR. Wer sprach von 1972 bis 1984 die Rolle des Vaters?

Gert Haucke

Horst Frank

Hans Paetsch

Otto Sander

33 Mit der 1974 veröffentlichten Fernfahrerhymne *Er ist ein Kerl (Er fährt 'nen 30-Tonner Diesel)* wurde Gunter Gabriel, der seinen ersten Song für Rex Gildo geschrieben hatte, schlagartig bekannt; noch im selben Jahr erhielt er dafür die Goldene Europa. Gabriel war v. a. in der deutschen Trucker-Szene beliebt und wurde zum Wegbereiter für so erfolgreiche deutschsprachige Countrymusiker wie Tom Astor und Truck Stop. Eine Zeitlang moderierte Gabriel auch eine eigene Countrysendung im Bayerischen Rundfunk. Nach einer Flaute besann er sich 1989 mit seinem Comback-Album *Dieselknechte* wieder auf seine Wurzeln.

34 Am 20. April 1978 wurde das Stück des DDR-Dramatikers Heiner Müller unter der Leitung von Ernst Wendt in den Münchner Kammerspielen uraufgeführt. Während der Handlungszeit des Stücks – von der Gründung der DDR am 7. Oktober 1949 bis zum Arbeiteraufstand am 17. Juni 1953 – wurden immer wieder historische Szenen aus der deutschen Geschichte eingeblendet. Da die dargestellte Warnung vor Verhältnissen, in denen aufrechte Arbeiter und engagierte Kommunisten nicht in der Mehrheit sind, als Kritik an der DDR verstanden werden konnte, wurde das Drama bis 1988 in der DDR weder gedruckt noch aufgeführt.

35 *Deutschland im Herbst* war ein Gemeinschaftsprojekt von elf Regisseuren, die dem sogenannten Neuen Deutschen Film zugerechnet werden. In einer Collage aus teils dokumentarischen, teils erzählerischen Kurzfilmen unternimmt der Film den vielgestaltigen Versuch einer Auseinandersetzung mit der Gesellschaft in Deutschland unmittelbar nach dem durch den RAF-Terrorismus geprägten Herbst des Jahres 1977. Bemerkenswert ist Fassbinders gnadenloses Interview mit seiner Mutter, deren konformistische Haltung er heftigst kritisiert.

36 Mit der Rolle des Papas wurde Gert Haucke populär. Für seine Mitwirkung in *Papa, Charly hat gesagt …* erhielt der 1929 in Berlin geborene Schauspieler und Schriftsteller, der später bevorzugt für zwielichtige Charaktere besetzt wurde, das Goldene Mikrophon der Zeitschrift TV Hören und Sehen. Die einzelnen Folgen der Reihe bestehen jeweils aus einer Diskussion zwischen Vater und Sohn, in der Letzterer den Vater mit Fragen zu mehr oder weniger heiklen Trendthemen, wie Antibabypille, Homosexualität etc., konfrontiert und die bornierte Weltsicht des Vaters durch kindliches Nachhaken bloßstellt.

Kunst & Kultur

37 Als wessen Enkel präsentiert sich Frank Zander in einem seiner Hits im Jahr 1975?

Störtebecker

Dracula

Schinderhannes

Frankenstein

38 Durch welchen 1971 veröffentlichten Roman wurde Walter Kempowski bekannt?

Der eiserne Gustav

Gruppenbild mit Dame

Ein Mann will nach oben

Tadellöser & Wolff

39 Welcher Schauspieler machte zunächst eine Karriere als Schwimmer und trat in den 1950er-Jahren sogar bei zwei Olympiaden für sein Heimatland an?

Pierre Richard

Bud Spencer

Charles Bronson

Johnny Weissmüller

40 Wer war der Regisseur des Films *Die Abfahrer?*

Hark Bohm

Edgar Reitz

Rainer Werner Fassbinder

Adolf Winkelmann

37 Mit dem Lied *Ich bin der Ur-Ur-Enkel von Frankenstein* stürmte der gelernte Grafiker Frank Zander 1975 die Charts; in Österreich war er sogar eine Woche lang die Nummer eins. Als Solokünstler hatte er schon ein Jahr zuvor mit dem von Gunter Gabriel geschriebenen *Ich trink auf dein Wohl, Marie* einen großen Hit gelandet, Gleiches gelang ihm 1976 mit *Oh Susi (Der zensierte Song)*. 2006 spielte Zander den Frankenstein-Song für seine CD *Rabenschwarz Teil 2* in einer an Rammstein erinnernden Manier noch einmal neu ein.

38 In dem autobiographischen Roman *Tadellöser & Wolff* erzählt der 1929 in Rostock geborene Schriftsteller Walter Kempowski die Geschichte seiner Familie und seiner Jugendjahre im Dritten Reich bis zum Ende des Zweiten Weltkrieges. *Gruppenbild mit Dame,* ein Roman von Heinrich Böll, erschien ebenfalls 1971. Die beiden anderen Werke stammen aus der Feder von Hans Fallada und sind bereits in den 1930er-Jahren erschienen. Beide wurden in den 1970er-Jahren erfolgreich verfilmt, ebenso wie *Tadellöser & Wolff*.

39 Der 1929 in Neapel geborene Carlo Pedersoli schwamm von Jugend an. 1952 nahm er in der Disziplin 100 m Freistil an der Olympiade in Helsinki teil, schied aber im Vorlauf aus. 1956 belegte er in Melbourne in derselben Disziplin den elften Platz. Kurz darauf beendete er seine Sportlerkarriere, übernahm kleinere Filmrollen und arbeitete als Komponist, Sänger und Musikproduzent. Bei dem Dreh zu einem Italo-Western lernte er 1967 Mario Girotti kennen, der sich der besseren Vermarktungschancen wegen Terence Hill nannte. Carlo Pedersoli gab sich selbst den Künstlernamen Bud Spencer. Der Tarzan-Darsteller Weissmüller gewann als Schwimmer in den 20er-Jahren sogar fünf olympische Goldmedaillen.

40 Mit *Die Abfahrer* gelang dem 1946 geborenen Regisseur Adolf Winkelmann 1978 ein ebenso sozialkritischer wie humorvoller Film über die Perspektivlosigkeit junger Menschen im Ruhrgebiet. Atze, Lutz und Sulli sind arbeitslos; eines Tages klauen sie einen Möbelwagen mit defekten Bremsen und befinden sich, gejagt von der Polizei, plötzlich auf großer Fahrt. Weitere bekannte Winkelmann-Filme sind: *Jede Menge Kohle* (1981), *Peng! Du bist tot* (1987), *Nordkurve* (1993) und *Contergan – Eine einzige Tablette,* dessen Ausstrahlung im Herbst 2006 das Pharmaunternehmen Grünenthal zunächst gerichtlich verhindern konnte.

Kunst & Kultur

41 Wie hieß die Autobiographie, mit der Hildegard Knef 1970 auf Platz eins der Bestsellerlisten landete?

Ich brauch' Tapetenwechsel
Der geschenkte Gaul
Der graue Wolf
Für mich soll's rote Rosen regnen

42 Welcher Dichter setzte dem Fußballnationalspieler Georg Schwarzenbeck ein lyrisches Denkmal?

Ror Wolf
Robert Gernhardt
Wolf Wondratschek
Gerhard Zwerenz

43 Welcher Theaterregisseur verhalf Udo Lindenberg zu einer opulenten Inszenierung seiner Bühnenshow?

Peter Zadek
Peter Stein
George Tabori
Claus Peymann

44 Welche Klassiker-Verfilmung von Rainer Werner Fassbinder zeigte das deutsche Fernsehen in den 70er-Jahren?

Effi Briest
Berlin Alexanderplatz
Der Biberpelz
Die Wahlverwandtschaften

41 »Hildegarde Neff«, wie die Knef im englischsprachigen Ausland genannt wird, hatte bereits mehrere Jahre an ihrer Autobiographie geschrieben, als diese 1970 schließlich unter dem Titel *Der geschenkte Gaul* veröffentlicht wurde. 2003 feierte in Wilhelmshaven eine von Reinhardt Friese realisierte Musicalfassung des Buches Premiere, an der auch Knefs letzter Ehemann, Paul von Schell, mitwirkte. Sie basiert auf einem von Hildegard Knef selbst verfassten Fragment.

42 Das unvergleichliche *Gedicht für Georg Schwarzenbeck* schrieb der 1943 im thüringischen Rudolstadt geborene Autor Wolf Wondratschek. »Katsche«, wie der kantige Bayern-Profi und Weltmeister von 1974 auch genannt wurde, trug das Trikot der Nationalelf zwischen 1971 und 1978 ganze 44 Mal. Wondratscheks Gedicht ist ein Hymnus auf die schnörkellose, unbrasilianische Spielweise Schwarzenbecks, die gerne mit der ganz anders gearteten, eleganten von Franz Beckenbauer verglichen wurde. Der robuste Spieler war »unzuständig für alles Künstlerische«, aber ein verlässlicher Rückhalt seiner Mannschaft, mit »Luft für neunzig Minuten, und notfalls für die Verlängerung«.

43 Für die Tournee zu seinem Album *Dröhnland Symphonie* im Jahr 1979 arbeitete Lindenberg mit Peter Zadek zusammen, der für die personal- und spektakelreiche Rockoper verantwortlich zeichnete, in der viele Figuren aus den Liedern des deutschen Rockstars leibhaftig auftraten. Es gab u. a. Lindenberg im Eisbärenkostüm, einen Eskimo, die fiktive Opern-Diva Elli Pyrelli, Catcher, Striptease-Tänzerinnen und Akrobaten. Das musikalische Programm, zu dem auch ein Gastauftritt von Eric Burdon gehörte, wurde auf dem Doppelalbum *Livehaftig* verewigt.

44 Die Verfilmung des Fontane-Romans *Effi Briest* wurde von 1972 bis 1974 produziert und erst 1979 unter dem etwas längeren Titel *Fontane Effi Briest oder Viele, die eine Ahnung haben von ihren Möglichkeiten und ihren Bedürfnissen und dennoch das herrschende System in ihrem Kopf akzeptieren durch ihre Taten und es somit festigen und durchaus bestätigen* erstmals ausgestrahlt. Regieassistent war übrigens APO-Veteran Rainer Langhans. *Berlin Alexanderplatz* wurde erst im Herbst 1980 ausgestrahlt.

Kunst & Kultur

45 Wessen Muse war Amanda Lear, die 1977 ihr erstes Album als Disco-Queen veröffentlichte?
Helmut Newton
Pablo Picasso
Charlie Chaplin
Salvador Dalí

46 Wie hieß der Sänger, der mit *Rocky* einen Nummer-eins-Hit landete?
Bernd Clüver
Wolfgang Petry
Frank Farian
Michael Holm

47 Welchen Regisseur stürzte sein Film *Der Schneider von Ulm* in den finanziellen Ruin?
Edgar Reitz
Alexander Kluge
Werner Herzog
Volker Schlöndorff

48 Wie hieß der Sänger der Berliner Teenie-Band mit dem treffenden Namen The Teens?
Alex Möbius
Micha Uhlich
Uwe Schneider
Robby Bauer

45 Die asiatischstämmige Britin mit der tiefen, rauchigen Stimme und der androgynen Erscheinung war seit den 60er-Jahren als Modell, Geliebte und Muse dem exzentrischen Maler Salvador Dalí verbunden. In ihrem Buch *Dalí. 15 Jahre mit Salvador Dalí* berichtet sie von der gemeinsamen Zeit mit dem Künstler. Neben Bryan Ferry, der sie auf das Cover des Roxy-Music-Albums *For your Pleasure* brachte, war es David Bowie, der Lear dazu bewegte, eine Pop-Karriere zu starten. Der Erfolg ließ mit Hits wie *Queen of Chinatown* oder *Follow me* nicht lange auf sich warten. Bis heute hat Lear 40 Millionen Platten verkauft.

46 Frank Farian war nicht nur ein äußerst erfolgreicher Produzent von Bands wie Boney M., Eruption, Silver Convention und später Milli Vanilli, er trat auch selbst als Schlagersänger auf. Mit Songs wie *So muss Liebe sein, Spring über deinen Schatten, Tommy* und *Sie war erst siebzehn (und neu in der Stadt)* konnte er sich in den Charts platzieren, doch nur mit *Rocky*, einer Coverversion des gleichnamigen englischen Originals von Austin Roberts, gelang ihm ein Nummer-eins-Hit.

47 Der Flopp des aufwendig ausgestatteten Films über den Flugpionier Albrecht Ludwig Berblinger, dessen Leistungen infolge seines öffentlichen Scheiterns vor dem anwesenden König lange vergessen waren, führte dazu, dass der Regisseur und Autor Edgar Reitz all seinen Besitz verlor, und plötzlich nicht einmal mehr eine Wohnung oder ein Auto besaß. Ende 1978 fand Reitz bei Freunden auf Sylt Unterschlupf, wo er tief eingeschneit und vom Festland längere Zeit abgeschnitten mit der Niederschrift seiner Familiengeschichte begann, auf der das spätere, einzigartige Mammutwerk *Heimat* basiert.

48 Der 1964 geborene Robby Bauer war der Sänger der Band, die 1978 mit einem Auftritt in Wim Thoelkes Ratesendung *Der große Preis* buchstäblich über Nacht bekannt wurde. Ihre erste Single *Gimme Gimme Gimme Gimme Gimme your Love* schaffte es auf Platz sieben der Charts und war zugleich der größte Hit der Teens. *1–2–3–4 Red Light* oder *We'll have a Party Tonite* konnten daran schon nicht mehr anknüpfen, dennoch brachten die Teens bis zu ihrer Auflösung 1982 fünf LPs heraus. Micha Uhlich spielte Drums, Alex Möbius Bass, Uwe Schneider Lead-Gitarre und Jörg Treptow Rhythmus-Gitarre.

Kunst & Kultur

49 Welcher Sänger erhielt bis heute die meisten Platin-Schallplatten?

Frank Sinatra

Elvis Presley

Bob Dylan

Paul McCartney

50 Wer sang als Beitrag für die DDR bei der Eröffnungsfeier der WM 1974 das Lied *Freunde gibt es überall?*

Frank Schöbel

Olaf Berger

Heinz Quermann

Wolfgang Lippert

51 In welchem Film des Regisseurs Hark Bohm finden sich Anspielungen auf die Abenteuer von Tom Sawyer und Huckleberry Finn?

Tschetan, der Indianerjunge

Nordsee ist Mordsee

Moritz, lieber Moritz

Im Herzen des Hurrican

52 Wie hieß die erste deutsch gesungene Langspielplatte von Udo Lindenberg?

Ball Pompös

Alles klar auf der Andrea Doria

Daumen im Wind

Hoch im Norden

49 Mit 33 Platin-Schallplatten verzeichnet das Guinness-Buch der Rekorde 2004 Elvis Presley als Rekordhalter. Der auch als »King of Rock« bekannte Sänger und Schauspieler verkaufte mehr als 1,8 Milliarden Scheiben, und obwohl er am Nachmittag des 16. August 1977 tot in seinem Badezimmer aufgefunden wurde, halten sich bis heute Gerüchte, dass Elvis lebt. Zumindest kommerziell tut er dies tatsächlich: Sein ehemaliger Wohnsitz Graceland ist bis heute das nach dem Weißen Haus am häufigsten besichtigte Gebäude der USA und Elvis' Platten verkaufen sich so gut wie eh und je.

50 Während sich die BRD bei den Eröffnungsfeierlichkeiten von einer Trachtengruppe von der Mosel repräsentieren ließ, intonierte der DDR-Schlagersänger Frank Schöbel das Lied *Freunde gibt es überall*. Als ostdeutschen Konter zu *Fußball ist unser Leben* sang Schöbel auch die DDR-Kicker-Hymne *Ja, der Fußball ist rund wie die Welt*. Schöbel war 1971 übrigens der erste DDR-Schlagersänger, der in der BRD auftrat. Heinz Quermann war langjähriger TV-Moderator der Schlagerrevue.

51 1976 drehte Regisseur Hark Bohm den Jugendfilm *Nordsee ist Mordsee*. Erzählt wird die Geschichte des 14-jährigen Uwe aus einer Hamburger Trabantenstadt, der von seinem alkoholkranken Vater regelmäßig verprügelt wird und seine eigenen Aggressionen zum Ausgleich dafür als Anführer einer Jugendbande an dem asiatischen Dschingis abreagiert. Nachdem der Konflikt zwischen den beiden Jungen eskaliert ist, freunden sie sich an, und als Uwes Vater immer brutaler wird, entscheiden sie sich, mit Dschingis' Floß über die Elbe abzuhauen. Diese Szenen auf der Elbe erinnern an die Mississippi-Abenteuer der Mark-Twain-Helden.

52 Nach der mit englischen Titeln 1971 veröffentlichten LP *Lindenberg* erschien ein Jahr später seine erste Platte mit deutschen Songs: *Daumen im Wind*. Der Titel *Hoch im Norden* wurde als Single ausgekoppelt und war zumindest in Norddeutschland recht erfolgreich. Der Durchbruch gelang Udo Lindenberg jedoch erst 1973 mit dem Album *Alles klar auf der Andrea Doria* mit dem gleichnamigen Hit und der wunderbaren Ballade *Cello;* die 74er-Platte *Ball Pompös* mit *Rudi Ratlos* und *Johnny Controletti* brachte es sogar bis auf Platz drei der deutschen Charts.

Sport

Sport in den 70ern

... als Deutschland mit den Olympischen Spielen und der Fußballweltmeisterschaft im eigenen Land der sportliche Nabel der Welt zu sein schien. Die alten Helden mit den schlimmen Frisuren, aber wann sah man die schon? Wir, farbenblind, sahen die Mannschaften in den hellen und in den dunklen Trikots. Momente voller Glück, und voller Trauer. Als die DDR die BRD schlug, schien das Duell entschieden. Ein großer Triumph, bis sich die ostdeutschen Spieler nach und nach in den Westen absetzten. Doch wir verfolgten nicht nur Fußball, auch Boxen, Radrennen, Tennis, Motorsport, Eishockey, Handball und Leichtathletik. Auch wenn der Sport schwarz-weiß war, unschuldig war er auch schon damals nicht mehr: Doping und Korruption gehörten bereits dazu.

1 **Wie oft wurde Borussia Mönchengladbach in den 1970er-Jahren Deutscher Fußballmeister?**
dreimal
viermal
fünfmal
sechsmal

2 **Mit welcher Skiläuferin ist Christian Neureuther verheiratet?**
Irene Epple
Rosi Mittermaier
Regine Mösenlechner
Annemarie Moser-Pröll

3 **Was war die Besonderheit des Tyrell-Ford P34, der bei Formel-1-Rennen 1976 und 1977 an den Start ging?**
sechs Räder
Blinker
ABS
Gasturbine

4 **In welcher Sportart zählte Ulrich Pinner zu den Besten in Deutschland?**
Gewichtheben
Florettfechten
Tennis
Dressurreiten

1 Borussia Mönchengladbach war mit seiner wegen ihrer überaus jungen, agilen Spieler Fohlen-Elf genannten Mannschaft der erfolgreichste Bundesligaverein der 70er-Jahre. Unter Hennes Weisweiler, der die Borussen bis 1975 trainierte, und Udo Lattek, der danach das Traineramt bis 1979 innehatte, wurde Mönchengladbach fünfmal Deutscher Meister (1970, 1971, 1975, 1976, 1977), zweimal UEFA-Pokalsieger (1975, 1979), einmal DFB-Pokalsieger (1973) und einmal Deutscher Supercupsieger (1977). Hinzu kamen einige internationale und nationale Vizemeistertitel.

2 Der 1949 in Garmisch-Partenkirchen geborene Christian Neureuther gewann als 19-Jähriger im Riesenslalom seinen ersten Meistertitel. Bis 1980 kamen noch zwölf weitere Titel sowie sechs Weltcup-Siege hinzu. 1980 heiratete Neureuther die ebenfalls außerordentlich erfolgreiche Skiläuferin Rosi Mittermaier. Das Paar hat inzwischen zwei erwachsene Kinder. Christian Neureuther arbeitet als Skiexperte und Komoderator fürs Fernsehen.

3 Aufgrund eines recht offenen Reglements waren die Formel-1-Wagen in den 70ern noch weitaus heterogener als sie es heute der strengen Vorschriften wegen sein können. Ein bizarres Beispiel für die damaligen Möglichkeiten ist der Tyrell-Ford P34 mit seinen sechs Rädern. Auf der Hinterachse hatte er zwei große Walzen und vorne auf jeder Seite jeweils zwei hintereinanderliegende kleine Räder. Vorteilhaft an dieser Konstruktion waren die optimierte Aerodynamik und eine größere Bodenhaftung. Der Wagen war durchaus konkurrenzfähig und konnte sogar einige Erfolge verbuchen. Wegen Schwierigkeiten mit den Reifen wurde das Projekt schließlich eingestellt.

4 Der am 7. Februar 1954 in Zittau in der DDR geborene Ulrich Pinner war einer der erfolgreichsten deutschen Tennisspieler der 70er-Jahre. Nachdem er bereits etliche Jugendtitel gewonnen hatte, wurde Pinner, der für die Mannschaft des HTV Hannover spielte, 1973 Deutscher Meister im Herreneinzel. Im darauffolgenden Jahr spielte Pinner zum ersten Mal für das deutsche Davis-Cup-Team. Sein späterer Doppelpartner in dieser Mannschaft war Werner Zirngibl. Einer von Pinners größten Erfolgen war der Gewinn der Swiss Open im Jahr 1979.

Sport

5 **Welches Nationalteam war bei den Rennrodelwettbewerben der Olympischen Winterspiele 1976 am erfolgreichsten?**
UdSSR
DDR
BRD
Österreich

6 **Welches Radrennen gewann Rudi Altig 1970?**
Tour de France
Giro d'Italia
Radrennen Rund um den Henninger-Turm
Flandernrundfahrt

7 **Welcher Trainer führte den 1. FC Köln 1978 zum Gewinn sowohl der Fußballmeisterschaft als auch des DFB-Pokals?**
Udo Lattek
Karl-Heinz Heddergott
Hennes Weisweiler
Rinus Michels

8 **Was für ein Landsmann ist der ehemalige Handball-Bundestrainer Vlado Stenzel?**
Österreicher
Tscheche
Jugoslawe
Rumäne

5 1976 wurden in Innsbruck insgesamt drei Rennrodelwettbewerbe ausgetragen: Einsitzer Männer, Doppelsitzer Männer und Einsitzer Frauen. Von den neun Medaillen gingen allein fünf an die DDR, davon drei goldene, eine silberne und eine bronzene. Die BRD kam auf zwei Silber- und eine Bronzemedaille, die übrige Bronzemedaille gewann Österreich im Doppelsitzer. Insgesamt kam die DDR bei den Spielen in Innsbruck mit 19 Medaillen auf den zweiten Rang, hinter der Sowjetunion, die 27 Medaillen mit nach Hause nehmen konnte.

6 Der 1937 in Mannheim geborene Radrennfahrer Rudi Altig konnte in den 60er-Jahren einige Etappensiege bei der Tour de France erringen, 1962 holte er außerdem das Grüne Trikot als bester Sprinter und trug für ein paar Tage sogar das Gelbe Trikot. Die Flandernrundfahrt gewann Altig 1964. In den Jahren 1964 und 1970 siegte er bei der deutschen Straßenmeisterschaft, und darüber hinaus gewann er 1970 das seit 1962 ausgetragene Radrennen Rund um den Henninger-Turm, dessen Start und Ziel in Frankfurt liegen.

7 Hennes Weisweiler begann seine Karriere beim 1. FC Köln als Spielertrainer in den Jahren 1948 bis 1952. Von 1955 bis 1958 trainierte er den Verein dann noch einmal, bevor er ihm zwischen 1976 und 1980 eine glanzvolle Zeit bescherte. Mit den Neulingen Harald »Toni« Schumacher, Heinz Flohe und Dieter Müller baute Weisweiler eine erfolgreiche Mannschaft auf, die 1977 den DFB-Pokal und 1978 das Double gewann. Als Trainer der Grasshoppers Zürich konnte Weisweiler diesen Doppelerfolg sogar wiederholen. Ihm zu Ehren wurde das Kölner Maskottchen, der Geißbock, Hennes getauft.

8 Vlado Stenzel wurde in 1934 in Kroatien geboren, das damals noch zu Jugoslawien gehörte. Als Bundestrainer der jugoslawischen Handball-Nationalmannschaft errang er mit seinem Team bei den Olympischen Spielen 1972 in München die Goldmedaille. Von 1974 bis 1982 war Stenzel dann deutscher Bundestrainer. Bei der Olympiade 1976 in Montreal verloren die Deutschen das Spiel um die Bronzemedaille und wurden Vierter. Seinen nächsten großen Erfolg feierte Stenzel 1978 in Dänemark, als das deutsche Team Handball-Weltmeister wurde.

Sport

9 **Während der Abschlussfeier der Olympischen Spiele in München 1972 mussten die Sicherheitskräfte zeitweise davon ausgehen, dass sich ein mit Terroristen besetztes Flugzeug im Anflug auf das Olympiastadion befand. Wie hieß der Stadionsprecher, dem in dieser Situation die Entscheidung überlassen wurde, ob er die Zuschauermenge warnen und das Stadion räumen lassen sollte oder nicht?**

Harry Valérien

Joachim Fuchsberger

Wim Thoelke

Gerd Rubenbauer

10 **Welche sportliche Finesse war das Markenzeichen von Manfred Kaltz?**

Fallrückzieher

Bananenflanke

Elfmeter verwandeln

Bogenlampe

11 **Wo fand das Rennen statt, bei dem der österreichische Formel-1-Fahrer Niki Lauda 1976 schwer verunglückte?**

Hockenheimring

Hungaroring

Österreichring

Nürburgring

12 **In welcher Sportart war Marita Koch erfolgreich?**

Diskuswerfen

Bogenschießen

Kurzstreckenlauf

Hochsprung

9 Es war der heute v. a. als Schauspieler und Entertainer bekannte Joachim »Blacky« Fuchs-berger, der sich am 11. September 1972 entschied, das Publikum nicht über die mögliche Bedrohung zu informieren. Die Angelegenheit stellte sich letztlich als harmlos heraus: Bei der ohne offizielle Genehmigung auf München zufliegenden Maschine handelte es sich um ein finnisches Passagierflugzeug, das sich wegen eines defekten Radargeräts verflogen hatte. Fuchsberger, der ruhig weiterkommentierte, nachdem er von der möglichen Bedrohung erfahren hatte, verhinderte so vermutlich eine (im Nachhinein) unnötige Massenpanik.

10 Zwischen 1971 und 1991 spielte Manfred Kaltz 19 Jahre beim Hamburger SV in der Bundesliga und einige Zeit bei französischen Vereinen. Da der Außenverteidiger Kaltz von seinen 76 Toren allein 53 per Elfmeter erzielte, galt er zwar als Strafstoßspezialist – sein eigentliches Markenzeichen war aber die sogenannte Bananenflanke. Der Ball wird dazu seitlich mit dem Innenspann angeschnitten, wodurch er Effet bekommt und infolgedessen eine gekrümmte Flugbahn beschreibt.

11 Niki Laudas Ferrari brach beim Großen Preis von Deutschland am 1. August 1976 auf dem Nürburgring plötzlich rechts aus und prallte gegen eine Wand. Das Benzin entzündete sich und verursachte schwere Verbrennungen, da Lauda bei dem Aufprall der Helm vom Kopf gerutscht war. Erst nach rund einer Minute in dem brennenden Fahrzeug konnte er von anderen teilnehmenden Formel-1-Piloten geborgen werden. Trotz der massiven Ver-letzungen, die in Spezialkliniken behandelt werden mussten, nahm der Vorjahres-Weltmeister nur sechs Wochen später am Rennen in Monza wieder teil.

12 Die 1957 in Wismar geborene Leichtathletin zeichnete sich besonders im Kurzstrecken-lauf aus. 1980 gewann sie eine Gold- und eine Silbermedaille über 400 m und mit der 4×400-m-Staffel. Überdies gewann sie vier Goldmedaillen bei den Europameisterschaften 1978 und 1982 sowie dreimal Gold bei der Weltmeisterschaft 1983. Die zigfache DDR-Meisterin stellte insgesamt 16 Weltrekorde auf und wurde in den Jahren 1978, 1979, 1982, 1983 und 1985 zur DDR-Sportlerin des Jahres gewählt. Späteren Vorwürfen, sie habe sich mit Oral-Turinabol gedopt, widersprach sie entschieden.

13 **Wie hieß der Schütze, der das 1 : 0 im Spiel DDR gegen BRD bei der WM 1974 schoss?**

Lothar Kurbjuweit
Bernd Bransch
Harald Irmscher
Jürgen Sparwasser

14 **Was für eine Art Veranstaltung ging unter dem Titel *Rumble in the Jungle* in die Sportgeschichte ein?**

Rallye
Boxkampf
Zehnkampf
Rugbyspiel

15 **Wie viele Goldmedaillen gewann Mark Spitz bei den Olympischen Spielen 1972?**

4
5
6
7

16 **In Bezug worauf galt der Tennisprofi Björn Borg als besonderer Experte?**

Rückhandvolley
Stoppball
Sandplatz
Doppel

13 Am 22. Juni 1974 fiel in der 77. Spielminute in der Partie DDR gegen BRD das entscheidende Tor: Jürgen Sparwasser drosch den Ball zum DDR-Sieg ins Netz von Sepp Maier. Dass die Bundesrepublik dieses wichtige Spiel verloren hatte, wurde als Schmach empfunden, zumal es bei Spielen der beiden deutschen Mannschaften immer auch um die Konkurrenz der beiden Staaten und ihrer politischen Systeme ging. Sparwasser, der 53-fache DDR-Nationalspieler, spielte damals für den 1. FC Magdeburg. 1988 flüchtete er in die BRD und beschädigte dadurch seinen Nimbus als Held der DDR. Der Sozialismus, der seine Bürger einsperrte, sorgte letztlich selbst für seine finale Niederlage.

14 Als *Rumble in the Jungle* (dt. Kampf im Dschungel) war der Schwergewichtsboxkampf um den Weltmeistertitel zwischen dem Titelverteidiger George Foreman und Muhammad Ali in Kinshasa (Kongo, damals Zaire) für den Herbst 1974 angekündigt worden. Ali krönte sein Comeback durch seinen Sieg gegen den sieben Jahre jüngeren Rivalen, wodurch er nach 1967 erneut Schwergewichtsweltmeister war.

15 Der amerikanische Schwimmer Mark Spitz hatte bereits bei der Olympiade 1968 in Mexiko mit den 4×100- und 4×200-m-Freistilstaffeln je eine Goldmedaille gewonnen. Vier Jahre später räumte er mit sieben Goldmedaillen dann richtig ab: 100 m und 200 m Freistil, 100 m und 200 m Schmetterling, 4×100- und 4×200-m-Freistilstaffeln und 4×100-m-Lagenstaffel. Damit nicht genug, hat er in jedem Wettbewerb auch einen neuen Weltrekord aufgestellt. Nach der Olympiade trat Spitz mit erst 22 Jahren vom aktiven Sport zurück. Sein Versuch, sich als 41-Jähriger für Barcelona 1992 zu qualifizieren, scheiterte.

16 Der schwedische Tennisstar Björn Borg galt als Sandplatzexperte, was sich in seiner Erfolgsbilanz beim einzigen auf Sand ausgetragenen Grand-Slam-Turnier, den French Open bzw. Tournoi de Roland-Garros in Paris eindrucksvoll niedergeschlagen hat. Mit sechs auf diesem Platz gewonnenen Turnieren ist er einsamer Rekordhalter; von 1978 bis 1981 gewann er dort sogar alle vier Titel in Folge. Spiele auf Sandplätzen sind wesentlich langsamer als solche auf Plätzen mit beispielsweise Hartplatzbelägen; sie dauern daher länger, und die Spieler rutschen leichter auf dem losen Untergrund aus.

Sport

17 In welcher Disziplin war Ingemar Stenmark bis heute unerreicht erfolgreich?

Skispringen

Skilanglauf

Skirennen

Biathlon

18 Wie heißt die mit sechs olympischen Medaillen erfolgreichste deutsche Leichtathletin?

Annegret Richter

Renate Stecher

Bärbel Eckert

Heide Rosendahl

19 Wer wurde zur tragischen Figur der deutschen Fußball-Nationalmannschaft bei der Europameisterschaft 1976 in Jugoslawien?

Heinz Flohe

Rainer Bonhof

Uli Hoeneß

Hannes Bongartz

20 Mit was für einem Auto preschte Walter Röhrl von Anfang 1978 an über die Rallye-Pisten?

Opel

Lancia

Fiat

Audi

17 Der schwedische Skirennläufer Ingemar Stenmark führt mit 86 Weltcup-Siegen, die er zwischen 1973 und 1989 errang, bis heute die Bestenliste des Internationalen Skiverbands an. Stenmark gewann sogar 1976, 1977 und 1978 den Gesamtweltcup, obwohl er an den Abfahrtsläufen, die auch zur Wertung zählten, fast nie teilgenommen hatte. Seine Leistungen im Slalom und Riesenslalom waren so herausragend, dass sie einmal sogar allein für den Gewinn des Gesamtweltcups ausreichten. Trotzdem war Stenmark stets ein bescheidener und in jeder Beziehung vorbildlicher Sportler.

18 Bei den Olympischen Spielen in München 1972 und Montreal 1976 gewann die 1950 geborene DDR-Leichtathletin Renate Stecher drei Gold-, zwei Silber- und eine Bronzemedaille. Darüber hinaus war sie fünffache Europameisterin und stellte insgesamt 17 Weltrekorde auf. Sie war die erste Frau, die die 100 m – handgestoppt – unter elf Sekunden lief. Ihre westdeutsche Konkurrentin Annegret Richter holte insgesamt vier Medaillen. Die DDR-Läuferin Bärbel Eckert gewann ebenfalls vier olympische Medaillen, Heide Rosendahl brachte es auf drei.

19 Uli Hoeneß drosch im Endspiel der BRD gegen die ČSSR beim Stand von 3 : 4 im Elfmeterschießen den Ball vom Elfmeterpunkt aus in den Nachthimmel statt ins Tor. Die ČSSR verwandelte ihre nachfolgende Elfmeterchance jedoch zum 5 : 3 und wurde Europameister. Es war das erste große Turnier, das durch Elfmeterschießen entschieden wurde. Rainer Bonhof, Heinz Flohe und Hannes Bongartz schossen die Bälle vom Elfmeterpunkt aus dahin, wo sie hingehörten: ins Tor.

20 Nachdem Walter Röhrl bereits für Ford gefahren und mit Opel 1974 Europameister geworden war, wechselte er 1978 zu Fiat. Bei der Rallye Monte Carlo konnte er zehn Sonderprüfungen gewinnen, doch ein Zündanlagendefekt sowie ein anderer Wagen, der ihm zeitweise den Weg versperrte, verhinderten seinen Sieg. Den Durchbruch brachte ihm schließlich der Erfolg bei der Akropolis-Rallye. 1980 wurde Walter Röhrl erstmals Fahrer-Weltmeister, dann stieg er bei Fiat aus. Zwischenzeitlich hatte er bei der Deutschen Rallye-Meisterschaft vier Siege auf Lancia eingefahren. Zu Audi wechselte er 1984.

Sport

21 Welcher Sportler dominierte den Radsport bis zum Ende seiner Karriere in nie gekannter Weise?

Eddy Merckx

Bernard Hinault

Laurent Fignon

Francesco Moser

22 Welche Mannschaft war am letzten Spieltag der Bundesligasaison 1977/78 wohl nur angetreten, um durch eine eigene haushohe Niederlage ihrem Gegner die Meisterschaft zu schenken?

FC St. Pauli

Borussia Mönchengladbach

FC Schalke 04

Borussia Dortmund

23 In welchem Studiengang promovierte die Skirennläuferin Irene Epple?

Jura

VWL

Medizin

Sport

24 Wie heißt der Handballspieler, der bei einem Spiel so unglücklich stürzte, dass er sich schwerste Kopf- und Gehirnverletzungen zuzog?

Arno Ehret

Joachim Deckarm

Erhard Wunderlich

Kurt Klühspies

21 Der 1945 geborene Belgier Eddy Merckx ist noch heute der erfolgreichste Radrennfahrer aller Zeiten. Zu seinen größten Erfolgen zählen je fünf Giro-d'Italia-Siege, der Gewinn der Tour de France von 1969 bis 1972 und 1974 sowie drei Siege bei der Straßenweltmeisterschaft. Sein sportliches Können zeigt sich auch darin, dass er als einziger Fahrer der Tour de France neben dem Gesamtsieg mit der Bergwertung und dem Grünen Trikot auch alle Nebendisziplinen für sich entschied. Überdies gewann er auch jedes andere bedeutende Rennen zigfach und erholte sich im Winter als erfolgreicher Bahnfahrer bei Sechstagerennen.

22 Vor dem letzten Spieltag führte der 1. FC Köln mit zehn Toren Vorsprung vor Borussia Mönchengladbach die Tabelle an, ein einfacher Sieg gegen St. Pauli am letzten Spieltag hätte daher reichen müssen, um dem Verein die Meisterschaft zu sichern. Doch die Dortmunder, die gegen Mönchengladbach antraten, ließen sich regelrecht abschlachten, wohl um die Meisterschaft zu ungunsten Kölns zu entscheiden. Sie verloren tatsächlich 0 : 12 gegen die Fohlen-Elf, doch Köln gewann in der Hansestadt 5 : 0 gegen St. Pauli – angefeuert von den Hamburger Fans, nachdem durch den Halbzeitstand von 6 : 0 in Mönchengladbach die nicht ganz sportliche Strategie der Dortmunder, deren Trainer Otto Rehhagel hieß, ruchbar geworden war – und sicherte sich so trotz allem die Meisterschaft.

23 Mit einem zweiten Platz bei der Abfahrt-Skiweltmeisterschaft in Garmisch-Partenkirchen 1978 gelang Irene Epple der erste große Erfolg. Es folgten eine olympische Silbermedaille 1980 und elf Weltcup-Siege. In München studierte Epple nach dem Ende ihrer Karriere Medizin, worin sie 1992 promovierte. In die Schlagzeilen geriet Epple noch einmal 1994, als sie den damaligen Finanzminister Theodor Waigel heiratete, der 18 Jahre älter ist als sie.

24 Joachim »Jo« Deckarm war als Handballspieler mit seinem Verein VFL Gummersbach und der deutschen Nationalmannschaft äußerst erfolgreich. Der damals 25-Jährige konnte auf drei deutsche Meistertitel, zwei Europacup-Siege und den Weltmeistertitel 1978 zurückblicken, als er am 30. März 1979 bei einem Europapokalspiel im ungarischen Tatabánya mit einem Gegenspieler zusammenprallte und bewusstlos zu Boden stürzte. Mit dem Hinterkopf schlug er hart auf dem Betonboden auf, wodurch er schwerste bleibende Hirnschäden erlitt.

Sport

25 Welcher Formel-1-Rennfahrer wurde 1970 zum Weltmeister erklärt, obwohl er an den letzten Rennen der Saison gar nicht teilnahm?

Jack Brabham

Jochen Rindt

Jacky Ickx

Clay Regazoni

26 Die Olympischen Winterspiele 1976 mussten zweimal vergeben werden und fanden letztlich im österreichischen Innsbruck statt. Welche Stadt hatte zuerst den Zuschlag erhalten?

München

Salt Lake City

Denver

Vancouver

27 Bei welchem Turnier wurde Gerd Müller mit zehn Treffern Torschützenkönig?

EM 1968 in Italien

WM 1970 in Mexiko

EM 1972 in Belgien

WM 1974 in Deutschland

28 Welcher Sportart widmete sich Xaver Unsinn?

Trabrennen

Boxen

Handball

Eishockey

25 Der 1942 in Mainz geborene Jochen Rindt, der bei seinen Großeltern in Graz aufgewachsen war und dort auch eine österreichische Rennlizenz erworben hatte, galt nach
dem Reglement des Motorsports als Österreicher. Seit 1964 fuhr Rindt in der Formel 1,
doch erst fünf Jahre später schaffte er es erstmals als Erster durchs Ziel. Beim Abschluss-
training zum Grand Prix in Monza am 5. September 1970 verunglückte Rindt wegen eines
Bremsdefekts an seinem Lotus tödlich. Sein bisheriger Punktevorsprung war für die anderen
Fahrer allerdings uneinholbar, sodass Rindt noch posthum zum Formel-1-Weltmeister 1970
erklärt wurde.

26 Nachdem sich Denver erfolgreich gegen die Konkurrenten Vancouver, Tampere, Sion
und Granada durchgesetzt hatte, verhinderten die Einwohner Colorados per Referendum
am 7. November 1972 die Verwendung von Steuergeldern für die Ausrichtung einer derart
kostspieligen Sportveranstaltung. Bei der dadurch nötig gewordenen zweiten Bewerbungs-
runde erhielt Innsbruck den Zuschlag, das somit nach 1964 bereits zum zweiten Mal inner-
halb kurzer Zeit Austragungsort der Olympischen Winterspiele wurde.

27 Gerd Müller, dem der Ehrentitel »Bomber der Nation« verliehen wurde und den sein
Bayern-Trainer »Tschik« Čajkovski etwas respektlos »kleines, dickes Müller« nannte, wurde
1970 mit unglaublichen zehn Treffern WM-Torschützenkönig, 1974 erzielte er nur vier,
darunter den 2 : 1 WM-Siegtreffer gegen die Niederlande. Vier Tore reichten ihm allerdings,
um auch bei der EM 1972 Torschützenkönig zu werden. Gerd Müller schoss in 62 Länderspielen 68 Tore, das ergibt eine sagenhafte Quote von 1,097 Toren pro Spiel.

28 Der 1929 in Füssen geborene Xaver Unsinn ging von 1946 bis 1960 für seinen Heimat-
verein, den EV Füssen, aufs Eis; bis 1962 war er dann Spielertrainer beim ESV Kaufbeuren.
Unsinn trainierte die deutsche Eishockey-Nationalmannschaft 1964 mit zwei Kotrainern für
die Olympischen Spiele und fungierte als Bundestrainer von 1975 bis 1977 sowie von 1982
bis 1990.

29 Welcher Tennisstar war für seine Coolness berühmt?

Jimmy Connors

Vitas Gerulaitis

Ivan Lendl

Björn Borg

30 Wie alt war Ulrike Meyfahrt, als sie bei den Olympischen Spielen 1972 die Goldmedaille gewann?

15

16

17

18

31 Wann wurde zum letzten Mal ein Formel-1-Rennen auf dem klassischen Nordschleifenkurs des Nürburgrings ausgetragen?

1970

1973

1976

1979

32 Welchen Bundesligaverein führte Branko Zebec 1979 zur Meisterschaft?

Eintracht Braunschweig

Hamburger SV

Bayern München

Borussia Mönchengladbach

29 Jimmy Connors war vor allem in jungen Jahren ein Heißsporn, anders als Ivan Lendl, der zwar stets sehr beherrscht wirkte, seine Emotionen aber dennoch nicht immer ganz verbergen konnte. Ganz anders als Björn Borg, der ob seiner legendären Coolness auch scherzhaft »Ice-Borg« genannt wurde. Weder Fehlentscheidungen der Schiedsrichter noch Provokationen seiner Gegner quittierte der Schwede mit einer wahrnehmbaren Gefühlsregung. In seiner Autobiographie lieferte er eine Erklärung für die erstaunliche Selbstbeherrschung: Als Jugendspieler war er einmal heftig ausgerastet und dafür mit einer mehrmonatigen Sperre belegt worden. Das war ihm eine Lehre.

30 Die 1956 in Frankfurt geborene Hochspringerin machte bereits mit 15 Jahren auf sich aufmerksam, als sie bei den Deutschen Leichtathletikmeisterschaften überraschend Zweite wurde. Ein Jahr später sicherte sie sich mit einer übersprungenen Höhe von 1,90 m die Goldmedaille. Außer Konkurrenz sprang die gerade 16-Jährige dann auch noch mit 1,92 m einen neuen Weltrekord. Den Weltrekord steigerte sie im Lauf der Jahre auf 2,03 m. 1984 gewann Ulirke Meyfarth in Los Angeles ihre zweite olympische Goldmedaille.

31 Der klassische Nordschleifenkurs war 22,8 km lang und ebenso attraktiv wie berüchtigt. Die Sicherheitsbedingungen waren schon länger umstritten, 1970 widersetzten sich die Fahrer sogar einer dortigen Austragung. Niki Laudas Unfall auf dem Nürburgring 1976 setzte den Formel-1-Rennen auf dem klassischen Nordschleifenkurs schließlich ein Ende. Der Große Preis von Deutschland wurde künftig auf dem Hockenheimring ausgetragen. 1984 wurde die neue Grand-Prix-Strecke am Nürburgring eröffnet, die mit 4,5 km nur noch ein Fünftel so lang ist wie der alte Kurs und mit diesem nur noch die Start- und Zielgerade gemein hat.

32 Der frühere jugoslawische Nationalspieler Branko Zebec, der im WM-Kader 1954 und 1958 gewesen war, hatte als Bundesligacoach schon Bayern München, den VFB Stuttgart und Eintracht Braunschweig trainiert, bevor ihn 1978 Günter Netzer, der damalige Manager des Hamburger SV, in die Elbmetropole holte. Der autoritäre Trainer führte die legendäre Mannschaft um Kevin Keegan, Manfred Kaltz, Horst Hrubesch, Rudi Kargus und Felix Magath zur Meisterschaft 1979 und im Jahr darauf zur Vizemeisterschaft.

33 Welchen Spitznamen trug der Mittelstürmer Horst Hrubesch, der in den 70ern für Rot-Weiß Essen und den Hamburger SV spielte?

Fußballgott
Kopfballungeheuer
Strafraum-Rastelli
Köpfkönig

34 Welches war bei den Olympischen Sommerspielen 1972 keine offizielle olympische Disziplin?

Fußball
Volleyball
Badminton
Basketball

35 In welchem Land wurde der Eishockeyspieler Erich Kühnhackl geboren?

DDR
Ungarn
Österreich
ČSSR

36 Wie hieß das offizielle Maskottchen der Fußball-Weltmeisterschaft 1974 in Deutschland?

Paule
Goleo
Tip und Tap
Pille

33 Wegen seiner enormen Kopfballstärke wurde dem Hünen der durchaus ehrfurchtsvoll gemeinte Spitzname »Kopfballungeheuer« verliehen. Vor allem Dank der brillanten Vorarbeit seines HSV-Kollegen Manfred Kaltz konnte Hrubesch den Ball häufig direkt ins Tor köpfen. Hrubesch selbst kommentierte dieses Zusammenspiel einst so: »Manni Bananenflanke, ich Kopf – Tor!« Der berühmte französische Fußballer Zinedine Zidane nannte Horst Hrubesch einmal den »besten Kopfballspieler aller Zeiten«.

34 Die Fußball-Goldmedaille 1972 gewann Polen; im Spiel um den dritten Platz lieferten sich die DDR und die Sowjetunion ein Spiel ganz im Zeichen der sozialistischen Völkerfreundschaft: Ihre äußerst zahme und fast verabredet anmutende Partie endete vor wie nach der Verlängerung – ein Elfmeterschießen gab es damals noch nicht – mit einem 2 : 2. Erstaunlicherweise gewann die Sowjetunion als Erster vor den USA außerdem die Basketball-Goldmedaille. Das Volleyball-Gold holte Japan. Badminton wurde 1972 als sogenannte Demonstrationssportart dem Publikum vorgestellt, floppte aber und wurde erst 1992 zur olympischen Disziplin gekürt.

35 Erich Kühnhackl wurde am 17. Oktober 1950 in dem westböhmischen Dorf Citice in der damaligen Tschechoslowakischen Sozialistischen Republik (ČSSR) geboren. Nachdem Truppen des Warschauer Paktes 1968 in die ČSSR einmarschiert waren, um den Prager Frühling zu beenden, verließ Kühnhackl das Land mit seiner Familie und zog nach Landshut. Beim dortigen EV Landshut spielte er von 1968 bis 1989, mit Ausnahme der Jahre 1976 bis 1979, in denen er für den Kölner EC aufs Eis ging. Mit 131 Toren in 211 Länderspielen, vier deutschen Meistertiteln und der dreimaligen Auszeichnung als Spieler des Jahres war Kühnhackl ein außerordentlich erfolgreicher Eishockeyspieler.

36 Die zwei Tip und Tap genannten Jungs, die beide ein Trikot der deutschen Nationalmannschaft tragen und sich gegenseitig den Arm über die Schulter legen, waren der Glücksbringer bei der WM 1974. Goleo, der Löwe im Trikot war mit Pille, dem sprechenden Ball, das Maskottchen der WM 2006. Auf den Namen Paule hört das offiziell im März 2006 vorgestellte DFB-Maskottchen – ein Adler mit schwarzem Gefieder und gelbem Schnabel.

Sport

37 Wer war der erfolgreichste Formel-1-Fahrer in den 1970er-Jahren?

Niki Lauda

Emerson Fittipaldi

Jackie Stewart

James Hunt

38 Welchen Spitznamen trug die Skiläuferin Rosi Mittermaier?

Medaillen-Rosi

Schnee-Rosi

Gold-Rosi

Alpen-Rosi

39 Wie hieß der Radrennfahrer, der 1977 zum Sportler des Jahres gewählt wurde?

Dietrich Thurau

Rudi Altig

Gustav-Adolf Schur

Jan Raas

40 Wie hieß die Leichtathletin, die 1970 und 1972 zur Sportlerin des Jahres gekürt wurde?

Annegret Richter

Heike Henkel

Ulrike Meyfahrt

Heide Rosendahl

37 Niki Lauda war 1975 und 1977 Weltmeister und 1976, im Jahr seines schweren Unfalls, Vizeweltmeister. In diesem Jahr schenkte er seinem Konkurrenten James Hunt gewissermaßen die Weltmeisterschaft, da seine Sicht wegen der Brandverletzungen stark beeinträchtigt war und er deshalb im letzten Rennen bei strömendem Regen sicherheitshalber aufgab. Wie Lauda war auch Jackie Stewart in den 70ern zweimal Weltmeister (1971, 1973) und einmal Vizeweltmeister (1972). Noch etwas erfolgreicher war allerdings der Brasilianer Emerson Fittipaldi, der in den 70ern zwei Weltmeistertitel und zwei Vizeweltmeisterschaften für sich verbuchen konnte.

38 Nachdem Rosi Mittermaier bei den Olympischen Winterspielen 1976 in Innsbruck Medaillen in allen alpinen Ski-Disziplinen gewann (Gold in Slalom und Abfahrt und Silber im Riesenslalom) und darüber hinaus im gleichen Jahr Weltmeisterin in der Alpinen Kombination sowie Gesamtweltcup-Siegerin wurde, wird die seit 1980 mit dem ehemaligen Skirennläufer Christian Neureuther verheiratete Sportlerin nur noch Gold-Rosi genannt.

39 Ähnlich wie 20 Jahre später Jan Ullrich löste der Frankfurter Dietrich »Didi« Thurau 1977 eine regelrechte Tour-de-France-Begeisterung beim deutschen Publikum aus, als er 14 Tage lang das Gelbe Trikot trug. Der damals 22-Jährige gewann überdies das Weiße Trikot als bester Jungprofi und kam in der Gesamtwertung auf den fünften Platz. Jacques Chirac, seinerzeit Bürgermeister von Paris, soll gesagt haben, dass seit Adenauer keiner so viel für die deutsch-französische Freundschaft getan habe wie Thurau. Im selben Jahr wurde der Radrennfahrer zum Sportler des Jahres 1977 gewählt.

40 Die Sportlerin der Jahre 1970 und 1972 war Heide Rosendahl. Die 1947 geborene Leichtathletin stellte 1970 mit 6,84 m einen neuen Weltrekord im Weitsprung auf. Ein Jahr später wurde sie Fünfkampf-Europameisterin. Das Glanzlicht ihrer Karriere waren die für sie außerordentlich erfolgreichen Olympischen Spiele 1972. Mit ihrer Goldmedaille im Weitsprung holte sie das erste deutsche Gold in München, kurz darauf verfehlte sie die Goldmedaille im Fünfkampf nur knapp und erhielt Silber. Als Schlussläuferin der 4×100-m-Staffel holte sie eine weitere Goldmedaille und stellte einen neuen Weltrekord auf.

Sport

41 Dynamo Dresden gewann 1971 nach 1953 zum zweiten Mal die Meisterschaft und anschließend auch noch den Pokalwettbewerb, den Dresden das letzte Mal 1952 erfolgreich abgeschlossen hatte. In der Geschichte der DDR-Oberliga war damit zum ersten Mal das Double gewonnen worden. Überdies wurde der Dynamo-Torjäger Hans-Jürgen Kreische mit 14 Treffern Torschützenkönig der Oberliga, ein Erfolg, den er in den beiden folgenden Jahren und dann noch einmal 1976 wiederholen konnte.

42 Mit sagenhaften 320 Länderspielen für das deutsche Eishockey-Team ist der 1955 in der DDR geborene Udo Kießling bis heute Deutschlands Rekordnationalspieler; bis 2003 galt dieser Rekord auch weltweit. Kießling spielte von 1972 bis 1996 für verschiedene Vereine, er war sogar – jedoch nur für ein Spiel – der erste Deutsche in der NHL, allerdings wurde er nur mit dem Kölner EC Deutscher Meister – das dafür zwischen 1977 und 1988 gleich sechsmal. Alois Schloder, der langjährige Nationalmannschaftskapitän kam auf 206, Erich Kühnhackl auf 211 und Gerd Truntschka, der 1976 noch nicht im Team war, auf 215 Länderspiele.

43 Als die ZDF-*Sportstudio*-Moderatorin den Schalkern in der Sendung vom 21. Juli 1973 versehentlich eine 05 unterjubelte, titelte die Bildzeitung: »Carmen Thomas im *Sportstudio* gescheitert«. Das beendete entgegen weit verbreiteter Gerüchte ihre *Sportstudio*-Karriere allerdings nicht. Sie moderierte die Sendung noch weitere eineinhalb Jahre. Danach wechselte sie zum Hörfunk und moderierte für den WDR die Sendung *Hallo Ü-Wagen*. Im deutschen Radio war dies die erste Sendung, bei der sich die Zuhörer aktiv beteiligen konnten.

44 Von 1978 bis 1987 war Christian Geistdörfer der kongeniale Beifahrer im Überrollkäfig neben Walter Röhrl. Geistdörfer ist heute als Berater für den Motorsport tätig, mit Röhrl verbindet ihn immer noch eine enge Freundschaft. Als Beifahrer hatte er die Aufgabe, Röhrl die zuvor bei Streckenerkundungsfahrten aufgezeichneten Entfernungsangaben, Kurvenradien und Fahrbahnbesonderheiten anzusagen. Das Buch, in dem die Aufzeichnungen notiert werden, wird scherzhaft »Gebetbuch« genannt, weil der Beifahrer dem Fahrer die darin enthaltenen Informationen sozusagen vorbetet.

45 Welcher DDR-Fußballer setzte sich 1979 bei einem Freundschaftsspiel in der BRD in den Westen ab?

Falko Götz

Norbert Nachtweih

Jörg Berger

Lutz Eigendorf

46 Welcher Tennisspieler war als Erster die Nummer eins der neu eingeführten ATP-Weltrangliste?

Jimmy Connors

Ilie Năstase

Björn Borg

John McEnroe

47 Wie viele Jahre lag ihr letzter WM-Gewinn zurück, als sich die deutsche Handball-Nationalmannschaft den Titel 1978 erneut holte?

48

40

32

16

48 Was präsentierte der Präsident der Offenbachers Kickers Horst-Gregorio Canellas seinen Gästen auf der Feier seines 50. Geburtstags am 6. Juni 1971?

den ersten ausländischen Bundesligaspieler

einen Fußballskandal

ein neues Vereinsmaskottchen

neue Abseitsregeln

45 Nach einem Freundschaftsspiel des Berliner FC Dynamo gegen den 1. FC Kaiserslautern nutzte Lutz Eigendorf am 20. März 1979 bei einem Stadtbummel die Gelegenheit, sich von seiner Mannschaft zu entfernen. Wegen der Flucht sperrte ihn die UEFA für ein Jahr, danach spielte er bei Kaiserslautern und Braunschweig. Eigendorf starb bei einem mysteriösen Autounfall fast genau vier Jahre später. Vieles spricht dafür, dass Eigendorf einem Mordanschlag der Stasi zum Opfer fiel. Norbert Nachtweih gelang die Flucht 1976 über die Türkei; über Jugoslawien flohen Jörg Berger 1979 und Falko Götz 1983.

46 Das 1973 eingeführte ATP-Ranking, für das alle Match-Ergebnisse der vergangenen 52 Wochen berücksichtigt werden, spiegelt die Leistungsverhältnisse der Spieler wider und bildet aufgrund dessen die Basis für die Setzlisten bei Turnieren. Der rumänische Tennisprofi Ilie Năstase führte ab August 1973 die Weltrangliste 40 Wochen lang an, Jimmy Connors gelang dies ab Juli 1974 für insgesamt 268 Wochen, Björn Borg ab August 1977 für 109 Wochen und John McEnroe ab März 1980 für 170 Wochen.

47 Die erste Handball-Weltmeisterschaft wurde 1938 mit vier teilnehmenden Mannschaften in Deutschland ausgetragen. Die Gastgeber wurden Weltmeister. Diesen Erfolg konnte ein deutsches Team erst 40 Jahre später bei der Weltmeisterschaft in Dänemark wiederholen. Dem vorausgegangen war ein überaus packendes Finale gegen die Sowjetunion, das die Deutschen mit 20 : 19 knapp für sich entscheiden konnten. Der dritte Titelgewinn gelang den Deutschen bei der Weltmeisterschaft 2007 wiederum auf heimischem Boden, und zwar unter Trainer Heiner Brand, der 19 Jahre zuvor bereits als Spieler den Titel geholt hatte.

48 Canellas, eigentlich Südfrüchtegroßhändler und daher auch oft ebenso respekt- wie liebevoll »Bananenkönig« genannt, überraschte seine Partygäste mit einer Tonbandaufzeichnung, auf der Telefongespräche mit Bundesligakickern zu hören waren, aus denen hervorging, dass sieben Spiele der ersten Liga manipuliert worden waren. Später stellte sich heraus, dass etliche Spieler und Vereine in diesem ersten Bundesligaskandal verwickelt waren. Der DFB sperrte 52 Spieler – darunter allein 13 Schalker –, zwei Trainer und sechs Funktionäre. Kickers Offenbach und Arminia Bielefeld wurde sogar die Bundesligalizenz entzogen.

Sport

49 Wie schnitt die deutsche Eishokey-Nationalmannschaft bei den Olympischen Winterspielen 1976 ab?

Goldmedaille

Silbermedaille

Bronzemedaille

vierter Platz

50 Wie viele Fahrer verunglückten in den 1970er-Jahren bei Formel-1-Rennen tödlich?

3

5

7

9

51 In welchem deutschen Stadion wurde die erste Rasenheizung installiert?

Frankfurter Waldstadion

Münchener Olympiastadion

Bielefelder Alm

Müngersdorfer Stadion

52 Für welches Land startete Franz Klammer bei den Olympischen Winterspielen 1976?

Schweiz

Österreich

BRD

DDR

49 Die Sowjetunion gewann erwartungsgemäß mit dem Turniersieg ihre fünfte olympische Goldmedaille, die Silbermedaille der Tschechen stellte auch keine Überraschung dar. Das überaus erfolgreiche Abschneiden der deutschen Mannschaft, die die Bronzemedaille gewann, war hingegen eine Sensation. Punktgleich mit der deutschen Mannschaft folgten auf den Plätzen vier und fünf Finnland und die USA; das Torverhältnis im direkten Vergleich gab den Ausschlag. Zur Mannschaft gehörten Spieler wie Alois Schloder, Erich Kühnhackl, Klaus Auhuber, Martin Hinterstocker und Udo Kießling.

50 Mit neun tödlich verunglückten Fahrern forderte der Formel-1-Sport in den 70er-Jahren genauso viele Opfer wie in den 60ern. Die Todesopfer waren: Piers Courage, Jochen Rindt, Jo Siffert, Roger Williamson, François Cévert, Helmut Koinigg, Mark Donohue, Tom Pryce und Ronnie Peterson. In den 50ern gab es nur vier Tote zu beklagen. Nach den vielen Todesfällen macht sich seit den 80ern der permanent verbesserte Sicherheitsstandard bemerkbar: In den 80ern und in den 90ern verunglückten jeweils nur zwei Fahrer tödlich, der letzte war Ayrton Senna 1994.

51 Premiere hatte die beheizbare Spielfläche 1972 im Münchener Olympiastadion; das Frankfurter Waldstadion war erst das zweite deutsche Stadion mit dieser Technik. Mittlerweile gehört die Rasenheizung zur Standardeinrichtung von Stadien. Seit der Saison 2007/08 ist das Röhrensystem unter dem Platz, durch das im Falle einer vereisten Spielfläche warmes Wasser geleitet werden kann, sogar für alle Stadien der ersten und zweiten Bundesliga vorgeschrieben.

52 Der 1953 in Kärnten geborene Skirennfahrer startete bei der Winterolympiade in Innsbruck 1976 wie auch sonst für sein Heimatland Österreich, in dem er in den Jahren 1975, 1976 und 1983 zum Sportler des Jahres gewählt wurde. Nachdem Klammer bei der Skiweltmeisterschaft 1974 bereits Gold in der Kombination und Silber in der Abfahrt gewonnen hatte, konnte er zwei Jahre später auch in der Abfahrt die olympische Goldmedaille gewinnen. Während seiner elfjährigen Profikarriere, die er erst nach den Winterspielen in Sarajewo 1984 beendete, fuhr Klammer insgesamt 26 Weltcup-Siege ein.

Zeitzeichen

Die Zeitzeichen der 70er

…das waren die knallig bunten Farben, langen Kragen, breiten Krawatten, albernen Schlaghosen und wuchtigen Plateauschuhe. Vom Hippie zum Öko: Vieles war schrill – und vor allem selbstgestrickt, -gehäkelt, -geklöppelt. Während der Verkehr auf den Straßen immer mehr zunahm, herrschte auch im Weltraum ziemlich viel Betrieb. Raketen gab es nun auch vermehrt für die Straße; mit Ralley-Streifen und Fuchsschwanz konnte man seinen Flitzer optisch ganz schön aufputzen. Nicht zu vergessen die Antennen: Manche hatten drei Stück, teils meterlang – alles CB-Funker? Es wurde halt noch geklotzt, die Slim-Line- und Light-Welle standen erst bevor, Hifi-Komponenten waren groß, massiv und schwer. Alles, was bald aus Plastik war, hatte noch Gewicht. Apropos Antennen, die wuchsen nun auch vermehrt auf Dächern in der DDR, Richtung Westen; das war nicht erlaubt, wurde aber toleriert.

1 **Welches Auto wurde in den 1970er-Jahren oft als »Volksporsche« oder gar als »Vopo« verspottet?**
Porsche 924
Opel GT
VW Scirocco
Porsche 914

2 **Was sind Zoccoli?**
Holzschuhe
dicke Koteletten
breitkrempige Hüte
Schlaghosen

3 **In welchem Land eröffnete Ikea 1973 sein erstes außerhalb Skandinaviens gelegenes Möbelhaus?**
Deutschland
Niederlande
Schweiz
Österreich

4 **Was war Tandy?**
Plüschtier
Zeichentrickfigur
Elektronikkonzern
Tankstellenkette

1 Der Porsche 914 entstand aus einer Kooperation von VW und Porsche und wurde wegen seiner unklaren Positionierung im Angebot der beiden Automobilhersteller häufig belächelt. Der Mittelmotor-Sportwagen mit Targadach war mit einem 80 PS starken Vierzylinderboxermotor von VW oder einem 110 PS starken Porsche-Sechszylinderboxermotor erhältlich. Von 1970 bis 1976 wurden rund 120 000 Exemplare gebaut. Ein ähnlicher Makel hing dem bei Audi gefertigten Porsche 924 an, in dem etliche VW- und Audi-Teile verbaut wurden, anfangs sogar Motoren.

2 Zoccoli waren ursprünglich zu den Stelzenschuhen zählende Damenschuhe mit hohem Sockel, die es den Frauen gestatteten, trockenen Fußes über die bis ins 19. Jahrhundert hinein oft wegen fehlender Kanalisationssysteme verdreckten Straßen zu gehen. In den 70ern wurden die damals beliebten hochhackigen Holzschuhe mit leichtem Plateau so genannt, egal ob es sich um vorne offene Pantoletten, geschlossene High-Heel-Clogs oder Sandaletten handelte. Berühmt war die Marke Candies, nicht zuletzt weil Olivia Newton John Zoccoli des amerikanischen Herstellers in *Grease* trug.

3 Das 1943 von Ingvar Kamprad in Schweden gegründete Unternehmen eröffnete sein erstes Möbelhaus außerhalb Skandinaviens 1973 in Spreitenbach, im Schweizer Kanton Aargau. Im Herbst 1974 öffnete in Eching bei München der erste deutsche Ikea-Markt seine Tore; er steht somit am Anfang der großen Ikea-Begeisterung, die Deutschland zum inzwischen umsatzstärksten Absatzmarkt des Möbelherstellers gemacht hat. Das erste Ikea-Möbelhaus in Österreich wurde 1977 in Wien eingeweiht, der erste niederländische Markt 1982 in Amsterdam.

4 Der amerikanische Elektronikwarenhändler Tandy Corporation war in den 70er- und 80er-Jahren mit zahlreichen Geschäften auch in Europa vertreten, allein in Deutschland gab es über 40 Filialen. Unter der Hausmarke Tandy wurden neben Hifi-Geräten und CB-Funk-Anlagen seit 1977 auch Homecomputer verkauft, wie der legendäre TRS 80, bei dem die Daten zunächst noch auf Kassetten gespeichert wurden. Seit 2000 heißt Tandy wieder RadioShack, diesen Namen trug das Unternehmen bereits bei seiner Gründung 1921.

Zeitzeichen

5 Welches Element findet man nicht an einem typischen Bonanzarad aus den 70ern?

Bananensattel

Schaltkonsole

Stoßdämpfer

Fuchsschwanz

6 Was war Ketwurst?

Hundefutter

eine Art Hot Dog

eine dicke Kette

ein Fleischersatz

7 Welches Fahrzeug wurde mit dem Slogan »Nur fliegen ist schöner« beworben?

Opel Manta

VW Scirocco

Opel GT

Ford Capri

8 Wer oder was war Mister Hit?

Radio

Pop-Sänger

Plattenspieler

TV-Musiksendung

5 Der geschwungene, nach hinten hochgezogene Bananensattel war für Bonanzaräder ebenso typisch wie die der Knüppelschaltung im Auto nachempfundene Schaltkonsole für die 3-Gang-Nabenschaltung. Stoßdämpfer für Fahrräder gab es damals noch nicht. Sie wurden an der Vorderradgabel von Bonanzarädern zwar durch zwei lange Spiralfedern angedeutet, eine tatsächliche Funktion besaßen sie jedoch nicht. Der Fuchsschwanz war ein bei Bonanzarad- wie bei ambitionierten Opel-Fahrern gleichermaßen beliebtes Accessoire.

6 Die Ketwurst war eine DDR-Erfindung zur Behebung der prekären Versorgungssituation für die Besuchermassen rund um den Ostberliner Alexanderplatz, die in den Gaststätten vor Ort nicht alle versorgt werden konnten. Richtig originell war die Erfindung nicht, handelte es sich doch lediglich um eine in Ketchup getauchte Wurst, die in ein Brötchen gesteckt wurde. Die Bezeichnung Ketwurst ist ein Kunstwort, das auf die wesentlichen Zutaten verweist: Ketchup und Wurst. Hätte man noch Gurken und Röstzwiebeln beigegeben, wäre das von Mitarbeitern der HO Gaststättenbetrieb Funkturm erfundene Wurstbrötchen von einem normalen Hot Dog nicht zu unterscheiden gewesen.

7 Mit dem rasch zum geflügelten Wort gewordenen Slogan »Nur fliegen ist schöner« warb die Adam Opel AG für ihr von 1968 bis 1973 produziertes zweisitziges Coupé namens GT. Der rassige Sportwagen mit seinen charakteristischen Klappscheinwerfern, die wie Schlafaugen aussahen, begeisterte die Kundschaft, und Opel vermochte sein ansonsten außerordentlich biederes Image ein Stück weit aufzubrechen. Bei dem 60-PS-Modell mit einer Höchstgeschwindigkeit von 155 km/h konnte von fliegen freilich keine Rede sein, der 1,9-Liter-Motor mit 90 PS brachte es hingegen auf stolze 185 km/h Spitze.

8 Mister Hit hieß ein seit Ende der 60er-Jahre hergestellter kompakter Plattenspieler der Firma Telefunken. Die Besonderheit bei dem äußerst erfolgreichen Modell war der in die Plexiglashaube integrierte Lautsprecher des Monomodells, bei dem drei Schalter die Regelung der Lautstärke sowie der Klangfarbe und die Wahl zwischen 33 U/min und 45 U/min erlaubten. Später wurde von dem spartanischen Bestseller auch ein Stereomodell auf den Markt gebracht, das über zwei separate Boxen verfügte.

Zeitzeichen

9 Was ist ein Flokati?
Milchmixgetränk
Teppich
Lavalampe
Schokoriegel

10 Welches Fahrzeug für Kinder kam 1972 auf den Markt?
Kettcar
Bobbycar
Dreirad
Hot Wheels

11 Welche heute gängige Technik hat ihre Anfänge bereits in den 1970er-Jahren?
ABS
GPS
ESP
PAL

12 Welche Firma brachte in den 70ern mit den Modellen audio 310 und audio 400 Nachfahren eines Klassikers der Unterhaltungselektronik auf den Markt, der den Spitznamen »Schneewittchensarg« trug?
Nordmende
Grundig
Telefunken
Braun

9 Der aus starken, langen Wollfasern gewebte Flokatiteppich war in den 70ern ein beliebter Einrichtungsgegenstand. Angeboten wurden Flokatis fast ausschließlich in Weiß. Durch die zotteligen langen Fasern, die mit der Zeit verfilzten, mutete der Teppich wie ein Schaffell an. Der Flokati ist eigentlich eine Erfindung griechischer Hirten, die aus Wollresten eben solche Teppiche herstellten, weshalb Flokatis auch Hirtenteppiche genannt werden.

10 Der Fürther Spielzeughersteller Big präsentierte der Öffentlichkeit 1972 auf der Spielwarenmesse in Nürnberg sein Kinderrutschauto Bobbycar. Der knapp 60 Zentimeter lange und 40 Zentimeter breite Flitzer bestand aus eineinhalb Kilogramm rotem Kunststoffgranulat. Bis heute wurden über 16 Millionen Exemplare des Bobbycars produziert, das Kindern seit Generationen beim Laufenlernen hilft. Inzwischen wird eine breite Palette an Varianten angeboten, die teils beliebten PKW-Modellen nachempfunden sind.

11 Mit der Gründung des sogenannten *Joint Program Office* (JPO) wurde 1973 auch das GPS-Programm eingeleitet. Vom Start des ersten Satelliten 1978 bis zur vollständigen Einsatzbereitschaft des *Global Positioning Systems* vergingen allerdings fast 20 Jahre: Erst seit 1995 funktioniert das Programm zufriedenstellend. Die jahrelang bewusst herbeigeführte Ungenauigkeit der Positionsbestimmungen, die das System für militärische Gegner unbrauchbar machen sollte, wurde erst im Jahr 2000 behoben. Seitdem kann GPS auch für zivile Zwecke genutzt werden, was besonders im Bereich der Fahrzeugnavigation zu einem Boom führte.

12 Die 1956 von den Designern Dieter Rams und Hans Gugelot für die Braun GmbH entworfene Radio-Phono-Kombination SK4 wurde wegen des Plexiglasdeckels auf dem truhenförmigen Chassis liebevoll »Schneewittchensarg« genannt. Weiterentwickelt wurde die Verbindung aus funktionalem Design und anspruchsvoller Technik mit den ebenfalls von Dieter Rams gestalteten Kompaktanlagen audio 310 und audio 400. Vor allem Letztere wurde mehrfach mit Designpreisen ausgezeichnet.

Zeitzeichen

13 **Welchem Fahrzeug wurde in der Spielwelt der Play-Big-Figuren ein Denkmal gesetzt?**
Unimog
VW Käfer
Ferrari
Fiat 500

14 **Welche Werbefigur bereicherte ab 1974 die Fernsehlandschaft?**
der Persil-Mann
Herr Kaiser von der Hamburg-Mannheimer
Frau Antje
der Melitta-Mann

15 **Welche Mode-Ikone posierte 1971 selbst als Nacktmodel, um ihr Parfüm zu vermarkten?**
Yves Saint-Laurent
Vivienne Westwood
Karl Lagerfeld
Coco Channel

16 **Was zeichnete das 1973 präsentierte Sportcoupé Talbot Matra Bagheera im Vergleich zu Konkurrenzmodellen besonders aus?**
Klappscheinwerfer
drei Vordersitze
eine Kunststoffkarosserie
ein serienmäßiger Überrollkäfig

13 Die Spielwelten der Plastikfiguren von Play Big, die zwischen 1975 und 1979 produziert wurden, etwas größer waren und erwachsener wirkten als die Playmobil-Figuren, dominierten Fahrzeuge von Daimler-Benz. Den eckigen Unimog der Baureihe 435 gab es in zahlreichen Ausführungen, er war u. a. als Baustellen-, Feuerwehr-, Militär- und Sanitätsfahrzeug im Einsatz. ADAC-Mitarbeitern, Polizisten und Privatpersonen stand als kleineres Gefährt ein Mercedes Cabrio zur Verfügung.

14 Der von Jan-Gert Hagemeyer von 1974 bis 1984 gemimte Persil-Mann beendete jeden seiner unnachahmlich seriösen Auftritte, die er sitzend absolvierte, artig mit den Worten: »Persil – da weiß man, was man hat. Guten Abend.« Der vertrauenswürdige Herr Kaiser ist seit 1972 aktiv, inzwischen mit dem dritten Darsteller. Frau Antje ist – abgesehen von einer kurzen Unterbrechung Mitte der 90er-Jahre – seit 1961 die Werbefigur des niederländischen Molkereiverbandes NZO. Egon Wellenbrink spielte den Melitta-Mann von 1989 bis 1999.

15 Um seinen Duft *YSL L'Homme* erfolgreich zu bewerben, ließ sich der damals 35-jährige Couturier Yves Saint-Laurent von dem bekannten Modefotografen Jeanloup Sieff nackt ablichten. Das Bild, auf dem der löwenmähnige Saint-Laurent nur seine markante Brille trägt, wurde weltberühmt. Es war nicht das einzige Mal, dass sich der Designer so umfassend für seine Kreationen engagierte; bis zu seinem Rückzug aus dem Haute-Couture-Geschäft im Jahr 2002 trat er auch als Model für seine eigenen Modeschöpfungen auf.

16 Von dem schnittigen Sportwagen Bagheera des französischen Autobauers Talbot Matra wurden bis 1980 knapp 48 000 Exemplare gebaut. Der Mittelmotor-Flitzer besaß zwar eine Kunststoffkarosserie, allerdings war dies nichts Besonderes; neben anderen Wagen hatten auch die Corvette von Chevrolet und der Trabant eine solche. Auch Klappscheinwerfer waren bei Sportwagen nichts Ungewöhnliches mehr. Das herausragende Merkmal des Bagheera waren vielmehr die drei Sitze in der Vorderreihe, durch die der Wagen zum ungewöhnlichen Dreisitzer wurde.

Zeitzeichen

17 Was war das Besondere an dem Speiseeis Ed von Schleck?

das Kolbenprinzip der Verpackung

der ungewöhnliche Fischgeschmack

die Möglichkeit, es von beiden Seiten zu schlecken

die Präsentation auf zwei Holzstäbchen

18 Wogegen demonstrierten mehrere tausend Menschen am 30. Oktober 1976?

Startbahn West

AKW Brokdorf

Castor-Transport

Nato-Doppelbeschluss

19 Welcher Autohersteller gab einem seiner Modelle den Namen eines gefährlich anmutenden Meeresbewohners?

VW

Ford

Opel

Simca

20 Welches beliebte Sitzmöbel der 70er-Jahre wurde von den Designern Piero Gatti, Cesare Paolini und Franco Teodoro entworfen?

Sitzwürfel

Sitzkäfig

Sitzschale

Sitzsack

17 Das 1979 von Langnese in Deutschland eingeführte Speiseeis steckte in einem runden Plastikzylinder und nicht wie sonst üblich in einer Tüte. Gleichwohl lugte an der Unterseite des Zylinders ein Stiel oder vielmehr ein dünnes Stäbchen heraus, mit dem man das Eis zum Verzehr wie einen Kolben Stück für Stück aus der Plastikhülle drückte. Ein auf dieselbe Weise verpacktes industriell gefertigtes Speiseeis war in Österreich schon seit 1969 unter dem Namen Paiper erhältlich. Produziert wurde es dort vom Tiefkühlproduktehersteller Eskimo, der wie Langnese zum Unilever-Konzern gehörte.

18 Der 30. Oktober 1976 war in gewisser Weise die Geburtsstunde der deutschen Anti-Atomkraft-Bewegung: Nachdem der Betreiber des bei Brokdorf an der Elbe geplanten AKWs einige Tage zuvor einen Bauplatz hatte umzäunen und sichern lassen, formierte sich entschiedener Widerstand. Die mit Drahtscheren ausgerüsteten Atomkraftgegner überwanden die Zäune und enterten den Bauplatz. Noch am selben Abend ließ die Polizei, die unerwartet hart mit Knüppeln und Reizgas gegen die Besetzer vorging, das Areal räumen. Am Tag darauf protestierten 4000 AKW-Gegner gegen das Vorgehen der Beamten, und in den folgenden Tagen wurden über 30 Bürgerinitiativen gegründet.

19 Opel taufte sein 1970 als Konkurrent zu dem erfolgreichen Ford Capri eingeführtes sportliches Coupé auf den Namen Manta. Der Mantarochen wird wegen seiner beiden Kopfflossen auch Teufelsrochen genannt, doch das bis zu sieben Meter breite Tier ist ein harmloser Planktonfresser, einen Giftstachel wie beispielsweise der gefährliche Stachelrochen, besitzt er nicht. Nach diesem wurde aber schon 1963 das Corvette-Modell Sting Ray von Chevrolet benannt.

20 Bereits 1968 gestalteten die drei Italiener Gatti, Paolini und Teodoro für die aus Mailand stammende Firma Zanotti den Sitzsack Sacco. In den 70er-Jahren erfreute sich das anpassungsfähige Möbel dann vor allem bei jungen Leuten großer Beliebtheit. Die PVC-Kunstlederhülle war mit Polystyrol-Kügelchen gefüllt. Der Sack ließ sich daher nahezu beliebig formen und schmiegte sich jeder Körperform an. Damit entsprach er ganz dem Zeitgeist der damaligen Jugend, die sich nicht länger starren Zwängen und Traditionen fügen wollte.

Zeitzeichen

21 Wie hieß der Computer, den Steven Wozniak und Steve Jobs entwickelt und der Öffentlichkeit 1977 vorgestellt haben?
IBM 5150
Commodore PET 2001
Tandy TRS-80
Apple II

22 Welchem Automodell verdankte sein Hersteller die Rolle des Marktführers für Sechszylindermotoren in Europa?
Mercedes 280 (W114, W123)
Ford Granada
Opel Admiral
BMW 2500, 2800, 3,0, 3,3 (E3)

23 Welcher Berufsgruppe erwies Playmobil mit seiner ersten Edition im Jahr 1974 die Ehre?
Polizei
Bauarbeiter
Feuerwehr
Sanitäter

24 Was wurde bei Vollmilchschokolade laut DDR-Vorschrift 1974 reduziert?
Preis
Größe einer Standardtafel
Kakaogehalt
produzierte Menge

21 Der Apple II war neben dem Tandy TRS-80 und dem Commodore PET 2001 einer der ersten industriell gefertigten Mikrocomputer inklusive Tastatur und Monitor – der Apple I von 1976 war wie damals noch üblich ein Bausatz, dessen Prototyp in eine Holzkiste eingebaut worden war. Der Rechner wurde ein großer Verkaufserfolg und lieferte die konzeptionelle Vorlage für den IBM-Konzern, der 1981 mit dem 5150 den Ur-Typ aller IBM-kompatiblen PCs auf den Markt brachte.

22 Mit dem Taunus 20M mit V6-Motor wurde Ford 1964 erstmals Marktführer im Segment der Sechszylinder-PKWs in Europa. Diese dominierende Stellung konnte Ford in den 70ern dank des neuen Oberklasse-Modells Granada weiterhin aufrechterhalten. Der von 1972 bis 1985 produzierte Wagen war in der Hauptsache mit einer breiten Palette an Sechszylinder-motoren bestückt, die im Kölner Ford-Werk gebaut wurden. Den Granada gab es als Limousine, Coupé und Kombi; Letzterer wurde von Ford Turnier genannt.

23 Die ersten Themen der Playmobil-Reihe in dem Jahr, in dem das neue Kunststoff-Spielzeug auf den Markt kam, waren Baustelle, Wilder Westen und Ritter. Nach und nach gesellten sich weitere Figuren und Erweiterungen hinzu, so im Jahr 1975 der Hochbauarbeiter mit der Artikelnummer 3312, dem als typisches Accessoire neben Helm, Eimer, Kellen und einer Mörtelwanne auch ein Bierkasten beigegeben war, vermutlich, damit er in der Mittagspause darauf sitzen konnte. Um Frauen wurde die Playmobil-Welt erst 1976 bereichert, Kinder kamen 1981 hinzu, Babys erst zwei Jahre später.

24 In der DDR reduzierte eine die Herstellung von Vollmilchschokolade betreffende Vorschrift 1974 den Mindestgehalt an Kakao von bis dahin 25 % auf magere 7 %. Geschuldet war diese Maßnahme der Rohstoffknappheit. Mit dieser Kakaoreduktion gingen die Erhöhung des Fettanteils sowie die Ersetzung kostspieliger Mandeln durch Erdnüsse einher. Beliebt waren die Schlagersüßtafel mit Erdnüssen sowie die an die westdeutsche Kinder-Schokolade erinnernde Bambini.

Zeitzeichen

25 Mit welchem ungewöhnlichen Antrieb wurde ein Opel GT ausgestattet, um 1971 auf dem Hockenheimring mehrere Weltrekorde aufzustellen?

Hybridmotor

Düsenantrieb

Elektromotor

Solarzellen

26 Welche Neuerung kennzeichnete das Uhrendesign der 70er-Jahre?

Digitalanzeige

Taschenrechner

Tachymeter

Funkübertragung

27 Was führte die Deutsche Bundesbahn 1971 ein?

TEE

InterRegio

InterCity

ICE

28 Welches beliebte Süßwarenprodukt kam 1974 auf den deutschen Markt?

Hanuta

Duplo

Nutella

Überraschungsei

25 Dr. Georg von Opel, Enkel des Firmengründers und Besitzer eines Autohauses in Frankfurt am Main, war vom Elektroantrieb fasziniert und ließ für Rekordversuche in einen Opel GT zwei Gleichstrom-Motoren von Bosch einbauen, die bis zu 160 PS leisteten und eine Höchstgeschwindigkeit von 188 km/h ermöglichten. Mit dem nach dem Einbau 1,7 Tonnen schweren Fahrzeug wurde auch der Versuch unternommen, eine Strecke von 100 km mit einer Durchschnittsgeschwindigkeit von 100 km/h zurückzulegen, allerdings waren bereits nach 44 gefahrenen Kilometern die Akkus leer.

26 In den 70er-Jahren kamen massenhaft Uhren mit Digitalanzeige auf den Markt, die die Uhrzeit nicht mehr mit Zeigern, sondern mittels LED- oder LCD-Komponenten in Form von Ziffern im 12- oder 24-Stunden-Format anzeigten. Vielen dieser Uhren konnte man auch das jeweils aktuelle Tagesdatum ablesen, und einige verfügten sogar über eine integrierte Stoppuhr. In besondere High-Tech-Uhren wurden auch Mini-Taschenrechner eingebaut. Funkuhren für den Massenmarkt wurden erst in den späten 80er-Jahren eingeführt.

27 Ab 1971 fuhren im Schnellverkehr der Bundesbahn sogenannte Intercity-Züge, die zunächst ausschließlich Erste-Klasse-Abteile besaßen, im Zweistundentakt 33 Städte auf vier Strecken an: Hamburg–München, Hannover–München, Hamburg–Basel und Bremen–München. Etliche der ehemaligen TEE(Trans-Europ-Express)-Trieb- und Reisewagen wurden nun im IC-Dienst eingesetzt. Ab 1976 konnten Bahnfahrer auf zwei Strecken bereits Tickets zweiter Klasse lösen. Die erste InterRegio-Verbindung gab es 1988, den ICE(InterCity-Express)-Betrieb mit speziellen Hochgeschwindigkeitszügen nahm die Bundesbahn erst 1991 auf.

28 Während Hanuta bereits seit Ende der 50er-Jahre und Nutella sowie Duplo seit den 60er-Jahren in Deutschland erhältlich sind, trat das »Ü-Ei« hier erst ab Mitte der 1970er-Jahre seinen Siegeszug an. Besonders beliebt ist die Nascherei durch ihren Mehrwert in Gestalt einer Spielzeugzugabe, die sich in einer gelben Plastikkapsel im Innern des Schokoladen-Eis befindet. Sie muss entweder zusammengebaut werden oder besteht aus einem Exemplar der zwei bis drei Figurenserien, die der Hersteller Ferrero jährlich entwickelt. Die älteste dieser Serien, die Schlümpfe aus dem Jahr 1981, erzielt heute auf Sammlermessen Rekordpreise.

Zeitzeichen

29 **Welches Produkt enthielt als Beigabe Aufkleber, die noch heute das grafische Bild der 70er-Jahre prägen?**

Nutella

Blendi

Pril

Hanuta

30 **Welches Extra konnte für den Trabant ab 1973 bestellt werden?**

Scheibenwischer-Intervallautomatik

Schiebedach

Aschenbecherbeleuchtung

Radio

31 **Wie hieß der farbige Kollege von Big Jim?**

Josh

Jeff

John

Jack

32 **Welches große Kaufhausunternehmen hatte das original Bonanzarad im Programm?**

Quelle

Neckermann

Karstadt

Hertie

29 Mit den Blumenblütenaufklebern in den zeittypisch knalligen Farben Blau, Gelb, Orange und Grün versah der Waschmittelhersteller Henkel von 1972 bis 1984 im Rahmen der Aktion Fröhliche Küche die Flaschen des von ihm produzierten Spülmittels Pril. Die Pril-blumen waren ein durchschlagender Erfolg; mit den dekorativen Aufklebern wurde weit mehr als nur Küchen verziert. Das Lied *Hol Dir die fröhlichen Blumen, hol Dir das fröhliche Pril*, das die Werbeaktion musikalisch abrundete, komponierte übrigens der vor allem als Jazzmusiker und Filmmusikkomponist bekannte Saxophonist Klaus Doldinger.

30 Der aus einer Kunststoffkarosserie bestehende Trabant wurde von 1957 bis 1991 vom Sachsenring Automobilwerk in Zwickau gebaut. Schon mangels anderer Alternativen als des in Eisenach gefertigten Wartburgs war der über drei Millionen Mal gebaute Zweitakter der Volkswagen der DDR. Ausbleibende Innovationen führten dazu, dass der Wagen bereits in den 60er-Jahren der Zeit technisch hinterherhinkte. Daran änderten auch geringfügige Neuerungen nichts, wie die Scheibenwischer-Intervallautomatik mit vier Stufen, die ab 1973 als Extra bestellt werden konnte.

31 1972 brachte Mattel die Actionfigur Big Jim auf den Markt, die sich dadurch aus-zeichnete, dass sie ihren Bizeps anspannen und mit dem rechten Arm Schläge ausführen konnte, wenn man einen eigens zu diesem Zweck konstruierten Mechanismus auf der Rückenplatte der Figur betätigte. Big Jim war Bodybuilder, sein afroamerikanischer Kollege hieß Big Jack. Big Josh war der bärtige Holzfäller und Big Jeff hieß der sonnengebräunte, smarte Surfertyp. Endlich hatte Barbie vier gute Gründe, Ken zu verlassen!

32 Neckermann ließ seit 1968 einen sogenannten Highriser produzieren, ein Fahrrad, das stark an einen Chopper erinnerte und unter der Eigenmarke Bonanza vertrieben wurde. Typische Motorradmerkmale wie Chopperlenker und lange Sitzbank kennzeichneten den beliebten Drahtesel, für den sich rasch der Name Bonanzarad durchsetzte, ebenso wie die vom Auto her bekannte charakteristische Schaltkonsole. Andere Hersteller wie Quelle und Karstadt vertrieben unter Bezeichnungen wie High-Riser, Top-Riser oder Polorad eigene Räder, die dieselben markanten Merkmale wie Bonanzaräder aufwiesen.

Zeitzeichen

33 Wie heißt das dem Rauschunterdrückungsverfahren Dolby B überlegene Verfahren, das 1978 auf den Markt kam?

NoNoise

HighCom

dbx

adres

34 Wer eröffnete 1970 eine Boutique namens *Let it rock*?

Wolfgang Joop

Vivienne Westwood

Mary Quant

Jean-Paul Gaultier

35 Auf wie viel PS brachte es der Golf GTI bei seiner Einführung im Jahr 1976?

100 PS

110 PS

112 PS

139 PS

36 Wer war der erste Deutsche im Weltall?

Ulf Merbold

Thomas Reiter

Sigmund Jähn

Hartmut Michel

33 Die Firma Telefunken hatte für Bandaufnahmen das Rauschunterdrückungsverfahren HighCom entwickelt, das ab 1978 in höherwertigen Kassettendecks auch einiger anderer Hersteller integriert war. Zudem ließ sich das innovative Verfahren über ein externes Gerät, das zwischen Kassettengerät und Verstärker angeschlossen werden konnte, nachrüsten. HighCom war Dolby B überlegen, weil es anders als dieses nicht nur hohe Frequenzen in die Rauschunterdrückung einbezog. Durchgesetzt hat sich dieses Verfahren letztlich aber nicht, nicht zuletzt weil mit Dolby C ein konkurrenzfähiges System entwickelt worden war.

34 *Let it rock* war der Name der ersten Boutique, die die damalige Grundschullehrerin und Hobbyschneiderin Vivienne Westwood 1970 zusammen mit ihrem Lebensgefährten Malcolm McLaren in der King's Road 430 im Londoner Stadtteil Chelsea eröffnete. Die Adresse blieb bis heute, der Name des Ladens änderte sich allerdings häufig: *Too fast to live, too young to die* (1972), *Sex* (1974), *Seditionaries – Clothes for Heroes* (1976) und schließlich *World's end* (1981). 1976 wurde hier der Punklook erfunden und die von McLaren gemanagten Sex Pistols wurden von Westwood eingekleidet.

35 Der seit 1974 produzierte Golf wurde ab 1976 serienmäßig als GTI-Modell mit dem 110-PS-Aggregat angeboten. Der 1,6-Liter-Motor in Verbindung mit einem Leergewicht von nur 810 Kilogramm sorgte für Fahrleistungen zeitgenössischer Sportwagen: Der Spurt auf 100 km/h war in 9,2 Sekunden absolviert und die Höchstgeschwindigkeit mit 182 km/h für einen Kompaktwagen beachtlich. 1982 erhielt der GTI einen 1800-ccm-Motor, der 112 PS leistete; auf atemberaubende 139 PS brachte es der ab 1985 angebotene Golf GTI 16V.

36 Der DDR-Bürger Sigmund Jähn war der erste Deutsche im Weltall. Am 26. August 1978 flog der sächsische Kosmonaut mit der sowjetischen Raumkapsel Sojus 31 zur Raumstation Salut 6, wo er mit seinem russischen Kollegen eine Woche blieb, bevor er zur Erde zurückkehrte. Ulf Merbold, der die DDR 1962 verlassen hatte und 1983 als erster Westdeutscher das All eroberte, war nur wenige Kilometer von Jähns Elternhaus entfernt aufgewachsen. Der Hesse Thomas Reiter flog im Rahmen einer Kooperation mit Russland 1995 zur Raumstation Mir, wo er fast 177 Tage verbrachte.

Zeitzeichen

37 Welcher Autohersteller brachte 1970 das für sein Fahrzeugprogramm revolutionäre Modell K70 auf den Markt?
NSU
Ford
Audi
VW

38 Worin wurde Slime verkauft?
Beutel
Mülltonne
Transparentbox
Eisbecher

39 Wie hieß das erste Telespiel?
Pong
Pacman
Space Invaders
Tennis

40 Wie hieß das bekannteste und allgemein beliebteste Mofa-Modell des deutschen Motorradherstellers Kreidler?
Flory
Flott
Florett
Flirt

37 Seit Mitte der 60er-Jahre hatte NSU zur Komplettierung seiner Produktpalette an der Entwicklung einer Stufenhecklimousine gearbeitet. Den schließlich K70 genannten Wagen wollte der Neckarsulmer Fahrzeughersteller eigentlich 1969 vorstellen. Doch da die Übernahme von NSU durch den VW-Konzern kurz bevorstand, wurde der K70 nach kleineren Änderungen im Herbst 1970 schließlich von VW präsentiert. Das Konzept des wassergekühlten Frontmotors und des Frontantriebs war für den Wolfsburger Konzern völlig neu. Mit dem Passat 1973 und dem Golf 1974 setzte es sich endgültig durch: Boxermotoren und Heckantrieb gehörten von nun an der Vergangenheit an.

38 Der Spielzeughersteller Mattel brachte 1978 die giftgrüne, zähflüssige Glibbermasse Slime auf den Markt. Die Schleim ähnelnde Spielzeugmasse war in einer Minimülltonne von ebenso auswurfsgrüner Farbe wie die Substanz selbst verpackt. Bei Kindern war Slime wegen der zahlreichen Ekelspiele beliebt, die man damit machen konnte, und nicht zuletzt natürlich wegen der vielfältigen Möglichkeiten, ahnungslosen Erwachsenen mit der schwabbeligen Masse einen Schreck einzujagen.

39 *Pong* hieß das von Atari 1972 herausgebrachte und weltweit verbreite Videospiel, das zunächst nur in größeren Automaten installiert war und ab 1975 auch als Spielkonsole angeboten wurde. *Pong* war nichts anderes als ein Tennisspiel für zwei Personen, bei dem ein senkrechter Balken, der per Drehregler auf und ab bewegt wurde, den Tennisschläger darstellte, mit dem man den als quadratischen Punkt umherfliegenden Ball in die gegnerische Spielfeldhälfte befördern musste. Die Spielvariante Squash konnte man auch allein spielen.

40 Das ab 1975 gebaute, Flory genannte Kreidler-Mofa war ein Bestseller. Das Top-Modell MF23 hatte eine Dreigangschaltung, daneben gab es noch eine Zweigangschaltung sowie ein Zweigang-Automatikgetriebe. Ab 1980 baute Kreidler auch das Sportmofa Flott, und später wurde noch ein Mofa mit der Modellbezeichnung Flirt herausgebracht. Die bereits seit 1957 gebaute Florett war das bekannteste Mokick-Modell aus dem Hause Kreidler, das sich durch ein Klauenschaltgetriebe von der Konkurrenz absetzte.

Zeitzeichen

41 Für welches Waschmittel warb Klementine, die »Waschfrau der Nation«?

Persil

Lenor

Der Weiße Riese

Ariel

42 Was zeichnete den ab 1972 gebauten Traktor MB Trac von Mercedes-Benz aus?

Vierpunkthydraulik

80 km/h Höchstgeschwindigkeit

vier gleich große Räder

eine um 270 Grad drehbare Fahrerkabine

43 Welches der folgenden Unternehmen ist das jüngste?

Hewlett-Packard

Atari

Microsoft

Apple

44 Wo wurde 1972 das seinerzeit größte Radioteleskop der Welt in Betrieb genommen?

Green Bank

Selentschukskaja

Arecibo

Effelsberg

41 Die Waschfrau Klementine wurde von 1968 bis 1984 und danach noch ein paar Mal für kurze Zeit von Johanna König verkörpert. Dem Fernsehpublikum vermochte die 1921 in Leipzig geborene Schauspielerin in ihrem rot-weiß-karierten Hemd, der blütenweißen Latzhose und der Kappe mit ihrem Namenszug – eine Bekleidung, in der sie etwas burschikos, aber absolut kompetent wirkte – die »Reinweichkraft« von Ariel anzupreisen, denn Ariel wusch nach ihrer Überzeugung »nicht nur sauber, sondern rein«. Nicht minder überzeugend spielte Johanna König auch andere Rollen u. a. in den Vorabendserien *Drei Damen vom Grill* und *Praxis Bülowbogen.*

42 Bereits 1967 hatte Mercedes-Benz mit der Entwicklung eines Traktors auf Unimog-Basis begonnen. Das Ergebnis war ein Fahrzeug, das – für einen Traktor gänzlich untypisch – vier gleich große Räder besaß. Überdies war bemerkenswert, dass der MB Trac sowohl vorne als auch hinten über eine Dreipunkthydraulik verfügte. Alle MB Tracs haben ein Unimog-Getriebe, das durch Sperrung des höchsten Gangs auf 40 km/h gedrosselt ist, ansonsten wäre eine Höchstgeschwindigkeit von 80 km/h durchaus möglich. Eine um 270 Grad drehbare Fahrerkabine wird erst seit 2005 angeboten.

43 Die Reihenfolge entspricht dem Alter: 1939 wurde das Unternehmen Hewlett-Packard gegründet, das zunächst Audiomessgeräte u. a. für die Disney-Studios baute, 1972 war das Gründungsjahr des Spielkonsolen- und Heimcomputerherstellers Atari, am 4. April 1975 wurde von den Harvard-Studenten Bill Gates und Paul Allen die Softwarefirma Microsoft gegründet und ein Jahr später riefen Steve Jobs und Steven Wozniak die Computerfirma Apple ins Leben.

44 Das mit 100 Meter Durchmesser damals größte Radioteleskop der Welt wurde am 1. August 1972 bei Effelsberg südlich von Bonn in Betrieb genommen. Sein Besitzer, das Max-Planck-Institut, nutzt es bis heute für radioastronomische Beobachtungen bis zu einer Wellenlänge von drei Millimetern. Fast 30 Jahre lange war das Effelsberger Radioteleskop die Nummer eins, erst im Jahr 2000 verlor es mit der Inbetriebnahme des Green-Bank-Observatoriums im US-amerikanischen Green Bank, West Virginia, den Spitzenplatz.

Zeitzeichen

45 Für welches Fahrzeugmodell stellte der 19. Januar 1978 ein einschneidendes Datum dar?

Audi Quattro

Opel Admiral

VW Käfer

Ford Capri

46 Woran denkt man in den 70er-Jahren bei dem Namen Kalkar?

AKW

Schneller Brüter

Startbahn-West

Atommüll-Endlager

47 Was führte der Automobilhersteller Mercedes-Benz bei seiner Modellreihe W123, die 1976 vorgestellt wurde, erstmals ein?

Einparkhilfe

Kombimodell

Allradantrieb

Notrad

48 Welches Videosystem wurde vom Elektronikgerätehersteller JVC entwickelt?

VCR

VHS

Video 2000

Betamax

45 Am 19. Januar 1978 lief im Emdener VW-Werk der letzte in Deutschland produzierte Käfer vom Band. Die Cabrio-Variante wurde zwar noch bis 1980 bei Karmann in Osnabrück zusammengeschraubt, das erfolgreiche Urmodell fertigte man nun allerdings in Mexiko, wo der 20-millionste Käfer 1981 das Licht der Welt erblickte. 1985 wurden die Käfer-Importe aus Südamerika offiziell eingestellt, die komplette Produktion stoppte hingegen erst am 30. Juli 2003, nach über 21,5 Millionen produzierten Fahrzeugen. Der Nachfolger des Käfers, der New Beetle, war da bereits seit fünf Jahren auf dem Markt.

46 Nahe der niederrheinischen Stadt Kalkar wurde 1972 mit dem Bau eines Schnellen Brüters begonnen, gegen den sich seit Mitte der 70er-Jahre zunehmend Protest regte. Der Schnelle Brüter galt als zukunftsträchtige Alternative zu den bis dahin gebauten Leichtwasserreaktoren, da er nicht auf das seltene Uran 235 angewiesen war. Der Brutreaktor kann das vergleichsweise häufig vorkommende Uran 238 in Plutonium umwandeln und verbraucht von dem so gewonnenen Spaltmaterial weniger, als er produziert. Der Reaktor in Kalkar wurde 1985 fertiggestellt, aus politischen Gründen jedoch nie in Betrieb genommen.

47 Nachdem das neue Modell, für das es beim Kauf erhebliche Wartezeiten gab, schon zwei Jahre auf dem Markt war, wurde mit dem T-Modell 1978 auch erstmals ein Kombi als Karosserievariante neben der viertürigen Limousine, dem Coupé und der langgestreckten Limousine mit dritter Sitzbank angeboten. Mit der verchromten Dachreling, die schon bald zur Serienausstattung gehörte, führte Mercedes ein sich rasch durchsetzendes Kombi-Accessoire ein. Das T-Modell galt als ein wahres Raumwunder.

48 Das japanische Unternehmen JVC führte 1976 die VHS-Technologie zur Aufzeichnung und Wiedergabe von Videos ein. Obgleich Sonys Videosystem Betamax und Video 2000 von Grundig und Philips als technisch überlegen galten, setzte sich in den frühen 80ern die VHS-Technologie im Privatbereich als Standard durch. Erklären lässt sich dieser Durchbruch durch die im Vergleich zu den Konkurrenzanbietern relativ großzügige und preisgünstige Lizenzvergabe durch JVC. Im Profibereich wurde dennoch das Betamax-System bevorzugt. VCR war ein bereits 1972 eingeführtes, von Grundig und Philips entwickeltes Videosystem.

Bildnachweis

S. 4 Probe einer Erotik-Show im ehemaligen Star-Club in Hamburg, der 1970 ein Erotik-Theater beherbergte. Die 38 Darsteller bezogen das Publikum in das Geschehen um Rocker, Kommunen und Hippiebewegung ein. *picture-alliance/dpa*

S. 8 Bundeskanzler Willy Brandt und der sowjetische Staats- und Parteichef Leonid Breschnew am 17. September 1971 während einer Bootsfahrt in der Sowjetunion *picture-alliance/dpa*

S. 10, l. Der FDP-Politiker Walter Scheel singt in einem Tonstudio. *picture-alliance/dpa*

S. 10, M. Hammer, Zirkel und Ähren: das Staatswappen der DDR *picture-alliance/akg-images*

S. 10, r. Arbeitgeberpräsident Hanns Martin Schleyer, der am 5. September 1977 von Terroristen der Roten Armee Fraktion (RAF) entführt worden war *picture-alliance/dpa*

S. 16/17 Mit erhobenem Zeigefinger belehrt die Frauenrechtlerin Alice Schwarzer (r.) Schauspielerin Uschi Glas und den Schriftsteller Gregor von Rezzori in der WDR-Talkshow *Je später der Abend* am 22. Dezember 1975. *picture-alliance/dpa*

S. 24/25 Strassenschlacht in Frankfurt nach dem Selbstmord von Ulrike Meinhof in der Nacht auf den 9. Mai 1976. Polizisten nehmen einen Demonstranten fest *picture-alliance/dpa*

S. 32/33 Walter Scheel (l., Außenminister), Helmut Schmidt (M., Finanzminister) und Willy Brandt (r., Bundeskanzler) erwarten am 11. Mai 1973 auf der Regierungsbank im Bonner Bundestag das Abstimmungsergebnis über den Grundlagenvertrag mit der DDR. *picture-alliance/dpa*

S. 39 Demo gegen atomare Aufbereitungsanlage in Gorleben *picture-alliance/dpa*

S. 40 Loriot vor einem Plakat mit seinen Figuren Wum und Wendelin *picture-alliance / dpa*

S. 42, l. Peter Frankenfeld, 1976 *picture-alliance/dpa*

S. 42, r. Ilja Richter in seiner Sendung *Disco* *picture-alliance/copyright KPA*

S. 48/49 Uwe Friedrichsen mit Tiffy in der *Sesamstraße*, 1979 *picture-alliance/dpa*

S. 54/55 Wibke Bruhns liest im ZDF als erste Frau am 12. Mai 1971 die Spätnachrichten. Die Journalistin durchbrach damit eine Männerdomäne im bundesdeutschen Nachrichtengeschäft. *picture-alliance/dpa*

S. 58/69 *Musik ist Trumpf* mit Harald Juhnke, 1979 *picture-alliance/dpa*

S. 64/65 Der durch seine Ratgebersendung bekannte Pfarrer Adolf Sommerauer an seinem Schreibtisch in seinem Haus in München, 1979 *picture-alliance/dpa*

S. 69 Raimund Harmstorf, 1975 *picture-alliance/dpa*

S. 70 Günter Grass mit Kölsch *picture-alliance/dpa*

S. 72, l. Joseph Beuys, 1979 *picture-alliance/akg-images/Brigitte Hellgoth*

S. 72, M. Elfriede Jelinek, 1970 *picture-alliance/IMAGNO/Nachlass Otto Breicha*

S. 72, r. David Bowie, 1973 *picture-alliance/dpa*

S. 78/79 Heinrich Böll 1972 in Israel
picture-alliance/dpa

S. 84/85 Der Theaterregisseur Peter Zadek (l.) im
Gespräch mit Udo Lindenberg, der auf der Hamburger
Reeperbahn am 13. Dezember 1978 das fünfjährige
Bestehen seines Panikorchesters feiert
picture-alliance/dpa

S. 92/93 Wolf Biermann während seines Auftritts in
der Kölner Sporthalle am 13. November 1976
picture-alliance/dpa

S. 99 Romy Schneider und der Schauspieler Burkhard
Driest zu Gast in der WDR-Talkshow *Je später der
Abend*, 1974 *picture-alliance/dpa*

S. 100 Franz Beckenbauer (l.) und Sepp Maier mit
dem WM-Pokal, 1974 *picture-alliance/dpa*

S. 102, l. Niki Lauda, 1977 *picture-alliance/dpa*

S. 102, M. Einzug der Nationen in das Münchener
Olympiastadion während der Eröffnungsfeier der
Olympischen Sommerspiele am 26. August 1972
picture-alliance/dpa

S. 102, r. Die Hochspringerin Ulrike Meyfarth freut
sich über ihre Goldmedaille bei den Olympischen
Spielen 1972. *picture-alliance/dpa*

S. 108/109 Die deutsche Leichtathletin Hildegard
Falck holt im 800-m-Lauf bei den Olympischen
Spielen 1972 die Goldmedaille *picture-alliance/dpa*

S. 116/117 Die Olympia-Piktogramme 1972 von
Otl Aicher *picture-alliance/dpa*

S. 122/123 Der bundesdeutsche Bahnvierer im
Training kurz vor den Olympischen Sommerspielen
1972 *picture-alliance/dpa*

S. 129 Die Maskottchen der Fußball-WM 74 Tip und
Tap *picture-alliance/dpa*

S. 130 Werbung für die VEB-Optima: Eine DDR-
Bürgerin an Optima-Schreibmaschine, 1970
picture-alliance/akg-images/Guenter Rubitzsch

S. 132, l. Persil-Werbung *picture-alliance/dpa*

S. 132 M. Produktion des VW-Käfers in Emden,
1978 *picture-alliance/dpa*

S. 132, r. DDR-Damenmode 1977 *picture-
alliance/akg-images/Guenter Rubitzsch*

S. 138/139 Der Designer Luigi Colani stellt auf der
Hannover-Messe 1978 eine bedienungsfreundliche
Bildschirm-Schreibmaschine sowie andere modern
gestaltete datenverarbeitende Geräte vor. *picture-
alliance/dpa*

S. 144/145 Lange Schlangen bilden sich am 5. April
1979 vor einem Ostberliner Intershop-Laden nach der
Bekanntgabe, dass DDR-Bürger dort ab dem 16. April
1979 nicht mehr mit West-Geld, sondern nur noch
mit Gutscheinen einkaufen können. *picture-
alliance/dpa*

S. 150/151 Eine mit PKWs verstopfte Hauptver-
kehrsader in der Innenstadt von Düsseldorf, 1973
picture-alliance/dpa

S. 157 Eine typische Wohnungseinrichtung der 70er-
Jahre *picture-alliance/KPA/Kuschel, Christian*

Wollen **SIE** noch _mehr_ **wissen?**

Das Wissensquiz

Allgemeinwissen
ISBN 978-3-927801-28-8

Tiere und Pflanzen
ISBN 978-3-927801-29-5

Wissenschaft und Technik
ISBN 978-3-927801-30-1

Geografie
ISBN 978-3-927801-31-8

Jeder Band:
160 Seiten, Broschur
durchgehend 4-farbig
Format 14,5 x 21,5 cm
€ 7,95/sfr 15,-

Unglaublich! Das Quiz

Verblüffende Tatsachen
rund um den Menschen
ISBN 978-3-927801-79-0

Verblüffende Tatsachen
aus der Welt der Tiere
ISBN 978-3-927801-78-3

Jeder Band:
160 Seiten, Broschur
durchgehend 4-farbig
Format 14,5 x 21,5 cm
€ 7,95/sfr 15,-

Der Jahrzehnte-Test

Die 70er-Jahre
ISBN 978-3-927801-39-4

Die 80er-Jahre
ISBN 978-3-927801-40-0

Jeder Band:
160 Seiten, Broschur
durchgehend 4-farbig
Format 15,0 x 17,0 cm
€ 7,95/sfr 15,-

MOEWIG